供应链管理一本通

唐翠翠◎编著

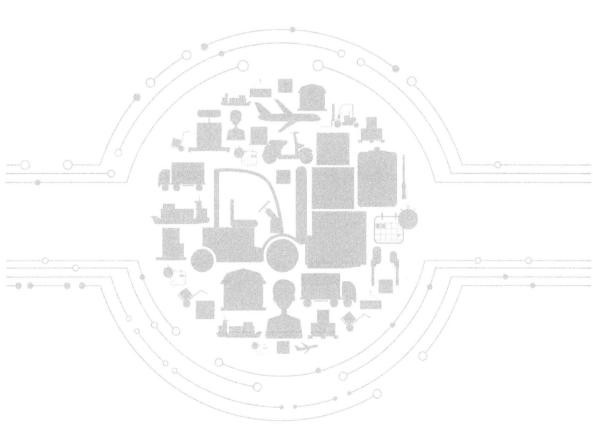

清华大学出版社

北 京

内 容 简 介

本书通过 12 章的内容梳理总结了供应链管理中采购、物流、指标、库存等知识。首先，本书向读者简单介绍了供应链管理的基本认知知识，来帮助读者构建知识框架；然后，从网络、指标、库存、供需、采购、商家、客户、销售、物流等方面深度阐述了供应链管理的相关知识；最后，又为读者介绍了供应链的综合运用以及风险管理。

本书结构清晰，讲解详尽、透彻，适合于供应链管理的初学者、从事供应链管理的相关人员以及对供应链管理感兴趣的相关人士阅读。

图书在版编目(CIP)数据

供应链管理一本通/唐翠翠编著. —北京：清华大学出版社，2023.5（2024.6 重印）
ISBN 978-7-302-63380-8

Ⅰ. ①供…　Ⅱ. ①唐…　Ⅲ. ①供应链管理　Ⅳ. ①F252.1

中国国家版本馆 CIP 数据核字(2023)第 067839 号

责任编辑： 张　瑜
装帧设计： 杨玉兰
责任校对： 周剑云
责任印制： 沈　露
出版发行： 清华大学出版社
　　　　　　网　　　址：https://www.tup.com.cn, https://www.wqxuetang.com
　　　　　　地　　　址：北京清华大学学研大厦 A 座　　　邮　　编：100084
　　　　　　社 总 机：010-83470000　　　　　　　　邮　　购：010-62786544
　　　　　　投稿与读者服务：010-62776969, c-service@tup.tsinghua.edu.cn
　　　　　　质量反馈：010-62772015, zhiliang@tup.tsinghua.edu.cn
印 装 者： 涿州市般润文化传播有限公司
经　　销： 全国新华书店
开　　本： 170mm×240mm　　**印　张：** 14.25　　**字　数：** 247 千字
版　　次： 2023 年 5 月第 1 版　　　　　　　**印　次：** 2024 年 6 月第 2 次印刷
定　　价： 59.80 元

产品编号：076704-01

供应链基本上由产品流、信息流、资金流构成，因此供应链管理也是围绕这 3 条支流进行的管理活动。目前，供应链已经日益凸显出其重要性，很多企业都已经没有办法离开供应链了，而且一个企业发展得越好、越强大，其供应链也会越复杂。随着供应链的日益复杂化，对供应链进行管理也逐渐成为企业关注的重点，而且供应链管理的好坏还关系着企业的发展。

国际权威杂志《财富(FORTUNE)》在 2001 年时，便提出供应链管理已经是 21 世纪最重要的四大战略资源之一。供应链管理也已成为企业能够占据竞争制高点的重要手段。不论你处于哪个行业，是制造业还是流通行业，掌握供应链管理都将会使你在竞争中脱颖而出。

在我国，直到 20 世纪 90 年代才真正开始重视物流与供应链的管理，因此在前期，我国的供应链管理经验不足，对其认识也不多。但是随着经济的快速发展，人们开始重视供应链的管理，并积累了许多先进的供应链管理经验。目前，我国也开始利用区域等优势，加强与各国企业之间的合作，以及对国际供应链的管理，实现企业间的和谐发展。

为了帮助相关人员更好地了解供应链管理的知识，掌握各种供应链管理的方式，使供应链管理人员能够轻松地突破供应链管理的瓶颈，充分发挥供应链管理在企业竞争中的作用，特编写了本书。

为了避免让读者感觉晦涩难懂，本书以图文解读的方式，从供应链管理的基础知识入手，由浅入深，从点到面，深度剖析了网络设计、衡量指标、库存管理、供需市场、采购管理、商家选择、精准客户、销售渠道、物流运输、科技应用、风险管控等方面的内容，以帮助读者全面系统地了解供应链管理，从"小白"一跃成为一名优秀的供应链管理人员。

本书由唐翠翠编著，参与编写的人员还有叶芳。因编写时间仓促，书中内容难免有疏漏之处，欢迎批评指正，也欢迎就供应链管理的基本情况，多多沟通。

编　者

目录

第1章

认知:

构建战略框架

　　企业发展的终极目标就是以最低的成本和最快的速度生产出最好的产品,以最合适的价格销售,从而获取最丰厚的利润。供应链管理就是助力企业实现这一终极目标的必要环节,学习供应链管理,可以推动企业稳步迈向更高的台阶。

　　本章将结合供应链的理论知识和实际案例,深入浅出地阐述供应链管理的概念,帮助大家构建企业战略框架。

1.1　了解供应链的基本概念

不少人在生活中或者日常工作中都听说过供应链这个词，但真正想要描述它的时候却似懂非懂，甚至许多企业或商家对供应链也是一知半解的。那么，供应链到底是什么？它有哪些具体内容？供应链管理的实施流程是怎样的？这些问题就是本节将要探讨的主要内容。

1.1.1　认识供应链和供应链管理

供应链具备一套完整的供应流程，它从零件制成最终产品开始，然后将产品推向市场，通过销售和物流运输网络把产品送到客户手中。这一套完整的流程将供应商、制造商、零售商、运输商和客户连接成一个功能网链结构，即为供应链。在不同的组织中，供应链都具有满足顾客需求的所有功能，包括产品开发、营销、运输、财务等功能。

举一个简单的例子，当客户进入 4S 店购买汽车时，供应链就开始运作了，它始于客户对汽车的需求。需求产生后，经销商就会为客户推荐不同类型和不同款式的汽车，而这些汽车都是由汽车总装厂制作并通过物流运输到 4S 店的。

汽车总装厂则是从各个一级供应商购进汽车模块，比如电子系统、发动机控制系统等。一级供应商生产所需的原材料又是购自二级供应商，比如一级电子系统供应商从二级供应商处购入仪表显示器。每一家供应商都由更低一级的供应商供货，所有的过程环环相扣，从而形成了一条完整的供应链。

供应链是动态的，涉及不同环节间的信息、产品、资金和商业的持续流动，如图 1-1 所示。

 专家提醒

　　客户是所有供应链中不可或缺的，任何一条供应链的存在都是为了满足客户的需求，并在满足客户需求的过程中为自己创造利润。

供应链管理是指企业通过整合和优化供应链中的信息流、资金流和产品流，对一整条供应链从供应商到客户进行集成管理，从而能让企业在市场竞争中脱颖而出。供应链管理的经营理念是从客户的角度，通过协调供应链各个环节之间的关系，来最大限度地提升供应链的效率，从而实现供应链无缝连接的一体化。

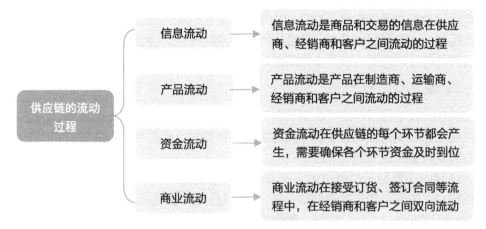

图 1-1　供应链的流动过程

1.1.2　了解供应链的目标及决策

每一条供应链的管理目标都应该是最大化给客户创造的价值，最小化供应链的成本，并使供应链产生的净价值最大化。供应链产生的净价值就是最终产品对客户的价值与整个供应链为了满足客户需求产生的成本之间的差额，也被称为供应链盈余。

供应链盈余能力越强，供应链就越成功。对大多数盈余供应链来说，供应链盈余与利润密切相关。供应链的成功与否，应该由供应链盈余衡量，而不是依靠单个环节的利润。

当我们知道供应链的管理目标之后，接下来就需要寻找价值、收入和成本的来源。对所有供应链来说，客户是收入的唯一来源。因此，客户是唯一提供现金流的一方，其他所有环节的现金流只是供应链内部的资源交换。在供应链中，所有信息流、产品流或者资金流都会产生成本，对它们进行有效的管理，增加供应链盈余就是供应链成功的关键。

那么，在供应链管理的过程中，管理者就会作出很多相关决策，这些决策对提高供应链盈余非常关键。但是，决策不可能永远都是正确的，因此每一个决策都需要考虑决策时间范围内不确定性带来的影响。根据决策的发生频率和决策影响的时间范围可以将供应链决策分为以下 3 个部分。

1.　供应链战略

在供应链的开始阶段，企业一般需要决定未来 5~7 年的供应链结构，包括如何配置供应链、如何分配资源以及每个环节的流程。具体战略决策可以细分为生产设施和仓储设施的选址、在不同运输阶段采用的运输方式、供应链的职能是否通过外包来执行、信息系统的类型等。

供应链的战略决策通常是长期性的决策，需要由相关人员详细且谨慎地制定，因为一旦在短时间内需要重新调整，企业会付出相应的代价。企业在制定供应链战略决策时，还需要充分考虑到未来几年预期市场的不确定性因素所带来的影响。

2. 供应链计划

供应链在计划阶段所制定的决策，时间范围通常为一个季度到一年之间。企业如果在供应链战略决策阶段已经确定了供应链的基本配置，那么在计划决策阶段就可以基于已有的供应链配置来制订计划。

计划决策的主要目标是通过对下一年不同市场的需求、价格、成本等因素的预测，在战略决策阶段所确定的限制条件下，最大化计划期内的供应链盈余。它涉及的主要决策包括市场供货、转包生产、营销方案、促销规模等。

与战略决策阶段相比，计划决策阶段的时间较短，在决策期间内对汇率、竞争等因素可以更好地把握，所以预测相对来说更为准确。因此，在计划阶段，企业应设法融入设计阶段构建在供应链中的柔性，并利用它优化供应链绩效。

3. 供应链运作

供应链运作的时间范围更短，一般为一天到一周之间。在这一阶段，企业需要根据客户的每个订单来作出决策。因为，战略决策和计划决策都已经确定，所以在运作阶段内主要的决策包括根据订单分配库存或者安排生产、确定订单的运输方式、确定订单履行时间、发出补货订单等。

由于运作阶段是短期决策阶段，所以各种不确定因素的影响比较小。在这一阶段，决策的主要目标是利用已知的客户订单，以最好的方式来处理供应链各个环节之间的关系。

1.1.3 熟悉供应链管理的具体内容

为了实现最大化供应链盈余的目标，就要充分利用供应链管理，并且不断地进行调整优化，以挖掘供应链蕴藏的巨大潜力。供应链管理主要包括计划、采购、制造、配送和退货 5 项基本内容，具体分析如图 1-2 所示。

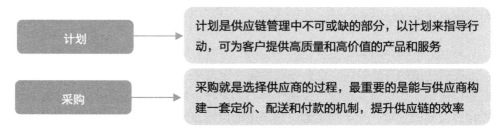

图 1-2 供应链管理的内容分析

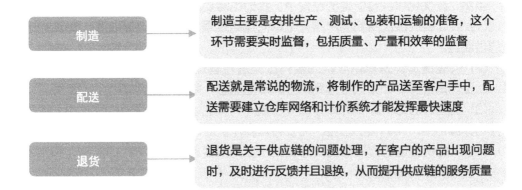

图1-2　供应链管理的内容分析(续)

优化供应链管理不仅可以实现供应链盈余最大化的目标，还能发挥以下几种作用，如图1-3所示。

图1-3　优化供应链管理的作用

当然，在优化供应链管理的过程中，我们也需要注意以下 4 个要点。

(1) 供应链从供应商到客户是一个单向流动过程，其流动环环相扣，形成一条完整的供应链。

(2) 供应链管理是对供应链的整体过程进行管理，因此需要清楚每个环节的信息，从整体来考虑。如果只考虑到部分环节的信息，就有可能造成供应链断裂。

(3) 供应链的每个环节对库存的要求是不一样的。在物流环节的管理中，不能把库存当作维持生产和销售的措施，而要将其看作供应链的平衡机制。

(4) 供应链管理的方法需要及时更新，否则很容易跟不上时代的潮流，在市场竞争中不能适应市场的变化。

1.1.4 预测供应链管理的发展趋势

随着时代的发展，供应链管理也在不断地发展。特别是如今的科技发展日新月异，如果不能及时地调整和优化供应链管理，就随时有被市场淘汰的风险。只有把眼光放长远，紧跟时代潮流，预知供应链管理的发展趋势，才能在市场竞争中立于不败之地。接下来，笔者基于个人经验，对供应链管理未来的发展趋势作出判断，以供大家参考。

1. 全球化

随着网络的发展，全世界人类之间的空间距离虽然没有缩小，但是联系却更加紧密。跨国公司也在连接全球各地不同的市场，市场竞争、合作与交流越来越广泛、深入，特别是跨境物流和跨境电商的蓬勃兴起，加快了供应链全球化的进程，这也是未来的发展趋势。

因此，企业需要建立一个能够对接全球各地的供应链体系，提高配置资源的效率，以保障企业的利益，从而使企业与供应链各企业在更广袤的市场中实现互利共赢。

2. 生态化

互联网时代带来的一个巨大变化就是边界之间的消除与重建，导致商业模式也发生了天翻地覆的变化。不管企业是否拥有核心竞争力，都无法保证能够在市场竞争中立于不败之地，企业之间的竞争已经转变为供应链之间的竞争。

这个时候，就需要优化供应链生态中伙伴的关系。必须清楚地认识到，在供应链生态中，各个环节的企业是彼此依赖、互相依靠的，因此未来供应链管理的发展目标是营造一个共生、互生、可再生的供应链生态圈。

在供应链生态圈中，不同主体的企业必须专注自己的核心业务环节，充分发挥最大价值，通过高效、精准地对接上下部分环节的企业，共同构建一个高效率、高产量、高利润的供应链体系，形成一个以消费者为核心，参与企业高效协同、互利共赢的生态系统。

3. 智能化

大数据时代，信息技术的高速发展和广泛应用使得信息的传播速度达到了惊人的地步。客户现在坐在家里就可以轻松地购物，这对实体经济造成巨大的冲击，因此实体经济只能选择不断地降本增效，实行消费升级，这个过程加剧了供应链体系的复杂化。因此，供应链管理也势必呈现智能化的发展趋势。

同时，供应链也依赖于信息技术的发展，在更精细的层面上对产品流动、资金流动和信息流动进行多个维度的监控、操作和控制，并且借助数据处理工具，能够更加轻松地对供应链的海量数据进行分类和处理，极大地提升供应链的效率，这也为供应链管理的智能化打下了坚实的基础。

4. 金融化

供应链中的资金流动需要一个较长的周期，对中小型企业来说，它们很容易面临资金不足的尴尬局面，而资金不足也制约了中小型企业供应链的发展，影响到供应链的稳定性和财务成本。

在这一背景下，包括平安、民生等银行机构和阿里、京东等贷款服务应运而生，它们通过注入借贷资金帮助中小型企业进行融资，在提高中小型企业供应链稳定性的同时，自己也能从中获得丰厚的回报。因此，供应链的金融化既能增加企业营收，也是提高自身及整个供应链体系竞争力的有效手段。

5. 绿色化

不管技术如何发展，都不能摆脱环境因素的制约。当下，人们的环保意识正在日益增强，环保概念不断深入到各行各业的各个环节中，供应链管理的绿色化发展也必然会成为一种潮流和趋势。

供应链绿色化管理首先需要保证产品的使用寿命。然后，对供应链的各个环节进行绿色设计，加强各环节企业的紧密合作，使产品能够从采购、制造、运输、消费到回收处理的整个供应链管理过程中，提高资源利用效率，尽可能不对环境产生负面影响。最终，实现经济效益和社会效益的协调优化。

1.2　供应链管理的战略策划

供应链战略不应仅仅局限于供应链本身，而应从企业发展的角度对供应链进行全局性规划。从更高的视野对供应链进行规划，可以找到多种角度来优化采购、制造、运输和售后的供应链流程，从而实现企业长远发展的最终目标。供应链管理战略关注的重点不是产品或者服务本身给企业带来的竞争优势，而是产品或者服务在整个供应链流动的过程中所创造的市场价值给企业带来的竞争优势。

在许多企业中，供应链并没有充分发挥出它应有的作用，其主要原因是没有正确处理供应链管理的战略选择问题，具体表现在以下 4 个方面，如图 1-4 所示。

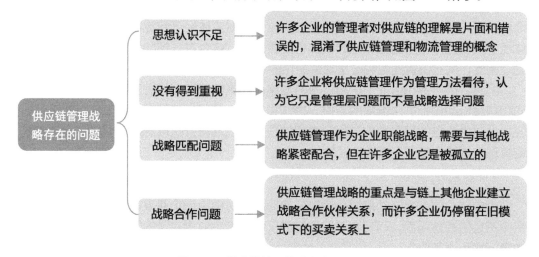

供应链管理战略存在的问题		
	思想认识不足	许多企业的管理者对供应链的理解是片面和错误的，混淆了供应链管理和物流管理的概念
	没有得到重视	许多企业将供应链管理作为管理方法看待，认为它只是管理层问题而不是战略选择问题
	战略匹配问题	供应链管理作为企业职能战略，需要与其他战略紧密配合，但在许多企业它是被孤立的
	战略合作问题	供应链管理战略的重点是与链上其他企业建立战略合作伙伴关系，而许多企业仍停留在旧模式下的买卖关系上

图 1-4　供应链管理战略存在的问题

当然，供应链管理的战略问题不仅仅只有这些，这只是其中比较有代表性的问题。本节，将帮助大家发现并解决供应链管理的战略问题，充分发挥供应链应有的作用，实现企业发展的最终目标。

1.2.1　打造企业核心竞争战略

在市场竞争中，与竞争对手相比，企业如何通过其产品和服务满足客户的需求就是企业的竞争战略。竞争战略是基于客户的偏好，比如产品成本、交货时间、产品质量和产品多样性等来制定的，它针对一个或者多个客户细分市场，旨在提供能够满足这些客户需求的产品和服务。

企业的竞争战略关系到供应链战略的选择，要想了解二者之间的关系，首先需要了解企业的价值链。一般来说，企业的价值链是产品研发、原料采购、生产运作、市场营销和售后服务这样一条完整的链状架构，涉及财务、行政、信息技术、人力资源等大部分职能部门。

要想执行企业的竞争战略，这些职能部门就要充分发挥自身的作用，并且要规划好如何才能更好地发挥作用。供应链战略明确规定了价值链中大部分职能部门应该做好的事，以及如何最大限度地发挥它们的作用。

因此，想要打造企业的核心竞争战略，可以从供应链入手，明确供应链的竞争战略，规划企业各职能部门必须完成的工作任务，打造差异化的价值链竞争体系。我们可从以下 6 个方面入手，打造差异化价值链的竞争体系，如图 1-5 所示。

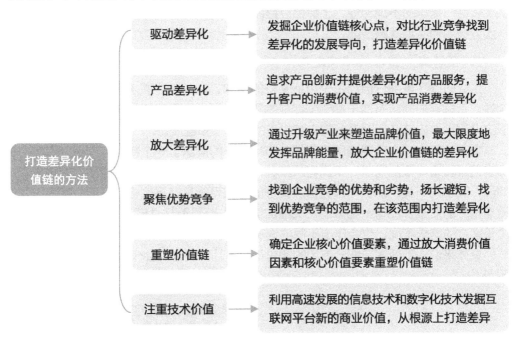

图 1-5　打造差异化价值链的方法

1.2.2　匹配供应链的职能战略

一个企业想要取得成功，所有的职能战略必须协同配合并能支持竞争战略的实现。职能战略的匹配是指竞争战略希望满足的、客户最为看重的需求，以及供应链战略旨在建立的能力之间的一致性。要实现职能战略的匹配，在保持企业的竞争战略和供应链战略目标一致的前提下，还必须满足以下 3 点要求，如图 1-6 所示。

```
实现战略匹配
的要求
    ├─ 竞争战略要和所有职能战略相互匹配以形成协调统一的总体战略，
    │   每一项职能战略都必须互相支持，帮助企业实现竞争战略目标
    │
    ├─ 企业的不同职能部门必须合理地配置本部门的流程及资源，以确保
    │   能够成功地执行这些战略
    │
    └─ 整个供应链的设计和各环节的作用必须协调一致，以支持企业实
        现供应链战略
```

图 1-6　实现战略匹配的要求

企业的竞争战略的关键点是立足于满足一个或者多个客户细分市场，要实现战略匹配，企业必须保证其供应链能力能够满足目标客户细分市场的需求。接下来，我们从了解客户需求的不确定性、了解供应链能力和实现战略匹配 3 个基本步骤入手，进一步分析如何实现战略匹配。

1. 了解客户需求的不确定性

企业必须了解细分市场每个目标客户的需求，以及这些需求给供应链带来的不确定性。了解客户需求有助于确定预期成本和服务要求，而了解供应链的不确定性有助于企业识别供应链必须面对的需求和供应的不可预知程度。

要了解客户，必须明确所服务细分市场客户的需求。一个特定客户细分市场中的顾客通常具有类似的需求，不同客户细分市场中的顾客可能有着完全不同的需求。比如说，关于同一类产品，一部分客户关注的重点可能是产品价格，一部分客户关注的重点是产品质量，还有一部分客户关注的重点是产品设计。所以，即使同一类产品，由于客户的需求不同，也会作出不同的选择。

具体来说，不同客户细分市场的需求在以下几种属性上会表现出不同，如图 1-7 所示。

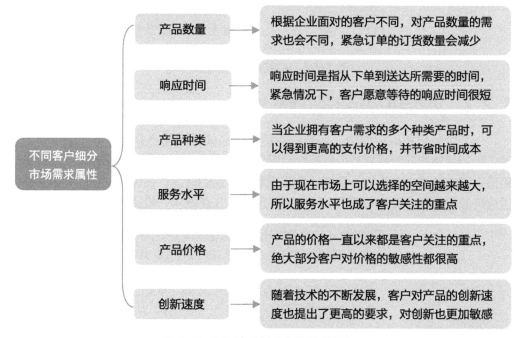

图 1-7　不同客户细分市场需求属性

图 1-7 中描述了一些客户需求变化的属性，但企业的最终目标是找到一个关键指标来捕捉这些属性的变化，然后用这一个指标来帮助企业确定其供应链应该在哪些

方面表现得更加出色。

另外，每一位客户的需求都可以转换成隐含需求不确定性这一衡量指标。隐含需求不确定性是指供应链拟满足的那部分需求给供应链带来的需求不确定性。需求不确定性反映的是客户对某种产品需求的不确定性；隐含需求不确定性反映的是供应链计划满足的那部分需求(基于客户所期望的属性)给供应链带来的不确定性。

比如，一家仅提供产品紧急订单服务的企业所面临的隐含需求不确定性就远高于以较长供货期提供同种产品的企业，因为后者可以在较长的交货期限内从容地履行订单。隐含需求不确定性既受到产品需求不确定性的影响，也受到供应链试图满足不同客户需求的影响。不同的客户需求是如何影响隐含需求不确定性的？如表 1-1 所示。

表 1-1　客户需求对隐含需求不确定性的影响

客户需求	隐含需求不确定性
需求量波动范围增加	增大，因为更大的需求量波动范围意味着需求变动增大
供货期缩短	增大，因为对订单的响应时间缩短了
要求的产品品类增多	增大，因为每种产品的需求变得更难预测
要求的服务水平提高	增大，因为企业不得不应对不寻常的需求骤增
创新速度加快	增大，因为新产品的需求会产生更大的不确定性
获取产品的渠道增多	增大，因为每个渠道中的客户需求变得更难预测

由于每种客户需求都会影响隐含需求的不确定性，因此可以把隐含需求不确定性作为区分不同类型需求的一个通用指标。

2. 了解供应链的能力

了解客户需求的不确定性后，接下来的问题是企业如何在这种不确定的环境中更好地满足客户需求，这个问题的答案就是了解供应链的能力。通过匹配供应链的响应性和它所面临的隐含不确定性来满足客户的需求。

供应链的响应性就是指供应链完成以下各项任务的能力，具体内容如下。

(1) 应对需求量的大幅变化和供给不确定性。

(2) 满足更短的交货期要求。

(3) 提供品种繁多的产品。

(4) 生产高度创新性的产品。

这些能力与许多导致高隐含不确定性的供给和需求特征类似，供应链越具备这些能力，其响应性越强。但是，提高响应性是需要付出成本的。为了满足大幅变化的需求，就必须提高生产能力，而这就会增加成本，导致供应链效率降低。供应链效率与制造、交付产品给客户的成本成反比，成本的增加会降低效率，每个想要提高响应性的战略选择都会产生额外成本，从而降低效率。

企业在效率边界运作体现的是最出色的供应链成本和响应性绩效。不在效率边界上的企业可以通过向效率边界移动，来提高响应性和降低成本。但是，在效率边界上的企业只能通过增加成本、降低效率来提高响应性，企业这时就必须在效率和响应性之间进行抉择。

当然，位于效率边界上的企业可以通过改善工艺和采用高新技术来降低成本，从而使效率边界发生移动。由于需要在成本和效率之间进行抉择，所以确定拟提供的响应性水平是任何一条供应链都必须作出的一项关键战略选择。

3. 实现战略匹配

在了解客户需求和供应链能力之后，最后一个步骤是确保供应链响应水平与隐含不确定性保持协调一致，其最终目标是给面临高隐含不确定性的供应链设定高响应性，给面临低隐含不确定性的供应链设定高效率。

实现战略匹配的核心在于给供应链的不同环节分配不同的角色，以保证适度的响应性水平。一定要清楚的是，通过给供应链各个环节分配不同的响应性和效率水平，可以实现整条供应链所需的期望响应性水平。通常，处理响应性的方法有以下两种。

(1) 增加卖场规模和产品种类。 这种方法可以降低供应链面临的隐含不确定性，卖场利用库存可以降低供应链面临的所有不确定性，使其向制造商发出的补货订单更加稳定和可预测，制造商可以降低成本，专注于生产效率。

(2) 减少零售商持有库存。 这种方法的目的是充分降低零售商对供应链响应性的影响，将大部分隐含不确定性传递给制造商，使零售商始终保持高效运行的状态。

要实现完全的战略匹配，企业还需要确保其所有职能战略保持一致以支持其竞争战略，且所有职能战略都必须支持竞争战略实现目标。供应链中所有下一层次的战略，如制造、库存和采购，都必须与供应链的响应性水平保持一致。表 1-2 所示为注重效率和注重响应性的供应链在职能战略上的一些主要区别。

表 1-2　效率性供应链和响应性供应链的比较

项　目	效率性供应链	响应性供应链
主要目标	以最低成本满足需求	快速响应需求
产品设计战略	以最低产品成本实现最大绩效	模块化设计，通过延迟实现产品差异化
定价战略	由于价格是最重要的客户驱动因素，所以边际收益较低	因为价格不是主要的客户驱动因素，所以边际收益较高
制造战略	通过高设备利用率降低成本	维持产能的柔性以缓冲需求或供应链的不确定性
库存战略	最小化库存以降低成本	维持缓冲库存来应对需求或供应的不确定性
交货期战略	缩短，但是不能增加成本	大幅缩短，成本大幅增加
供应商战略	基于成本和质量进行选择	基于速度、柔性、可靠性和质量进行选择

专家提醒

边际收益简单的理解就是企业新增一部分产品所带来新增的收益。利润最大化的一个必要条件是边际收益等于边际成本，此时边际利润等于零，从而达到利润最大化。

1.2.3　应对不确定的杠杆问题

当一家时装服饰店为秋季销售做准备时，一般首先会查看历史销售数据和消费者的偏好信息，这是为了了解客户需求，降低客户需求的不确定性。然后，通过确定客户的需求制订计划，规划销售季开始时的库存水平，这也取决于可获得的供应能力和供应商履行补货订单的时间。可获得的供应能力越强、补货订单送达的速度越快，服饰店的季初库存需求越少。如果到季中时，服饰店持有库存太多，一般会选择打折促销。

在这一系列流程中，包含了能力、库存、时间、信息和价格 5 种基本杠杆可以用来应对供应链中的不确定性。此外，合理利用好这 5 种杠杆，对于供应链的成功来说至关重要，其作用如图 1-8 所示。

专家提醒

供应链必须合理地使用这些杠杆以应对不确定性，在一种杠杆上投资更多通常可以减少在其他杠杆上的投资。要实施战略匹配，供应链就必须合理平衡在这 5 种杠杆上的投入，以有效地为目标客户提供细分市场服务。

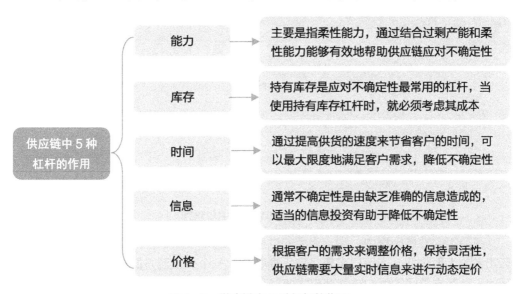

图 1-8　供应链中 5 种杠杆的作用

1.3 案例分析：借鉴成功企业经验

本节将通过分析几个供应链案例，帮助大家更加清晰地看到配备完善供应链的企业是如何计划和运作的。并且，大家可以对这些案例中的供应链模式进行判断和分析，找到可以借鉴的经验，使构建符合自身特色供应链模式的企业获得事半功倍的效果。

1.3.1 走进利丰全球供应链模式

利丰集团作为一家拥有百年历史的跨国商贸集团，在供应链管理方面是非常完备的，也是现在众多企业争相学习的对象。利丰集团成立于 1906 年，在 20 世纪 80 年代以前，它的主要职能是作为联系采购商和供应商的中间人，在交易完成后从中收取佣金。

进入 80 年代以后，利丰集团开始改变自己的定位，全方位地调整经营战略，在供应链管理方面进行拓展和创新，运用供应链管理的理念经营贸易、经销和零售 3 项核心业务，如图 1-9 所示。

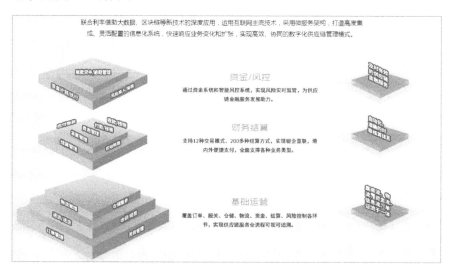

图 1-9 利丰集团的主营业务

在百年的发展历程中，利丰集团的供应链网络遍及全球，主要的贸易客户都是国际知名的大型企业，如可口可乐、家乐福等。从一个采供双方的中间人到全球供应链管理人，利丰集团的供应链管理模式值得我们深入探究。接下来，我们就从 3 个方面对利丰集团的供应链模式进行深入分析，帮助大家一探究竟。

1. 以软硬兼施的策略管理供应商

利丰集团的供应链网络遍及全球，意味着它的供应商也将是一个庞大的群体。为了避免供应链环节出现问题，利丰集团的供应链管理第一个措施就是从供应商这个源头进行治理。利丰集团的供应商管理采用的是"硬性指标＋软性任务"的方式，具体可从以下3个方面进行了解。

(1) **选择供应商**。利丰集团选择供应商有着非常严格的标准，评估资料包括供应商概览、规章制度、信用记录、设备清单、贸易记录等多项内容。通过设置硬性指标，来筛选高产能和高技术的供应商，只有符合标准的企业才能加入利丰集团庞大的供应商网络。

(2) **评估供应商**。利丰集团在供应商加入之后，会对供应商进行考察和评估，其主要内容包括安全管理评估、社会责任评估和产品来源评估3个方面，如图1-10所示。

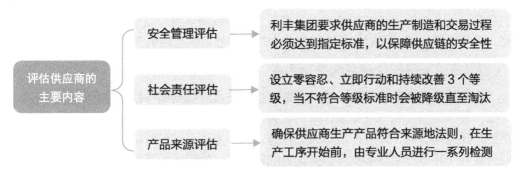

图1-10　评估供应商的主要内容

(3) **管理供应商**。利丰在管理供应商时选择了一种软性的方式，它将供应商的订单量控制在供应商供给能力的70%左右，这样做可以最大限度地发挥产能优势，在产品的质量上作出更加精细的改进。另外，利丰集团鼓励供应商寻求创新和发展，不断地尝试新技术，在保证产品质量的同时提升效率。这样一种合作关系，对双方而言，都处于舒适的环境中，能够更好地发挥各自优势，保证长久合作。

2. 用强大的信息系统优化供应链

利丰集团一直以来都是追求技术引领生产的企业，在信息技术高速发展的时代，它也利用信息技术建立了一套强大的信息系统，用以优化供应链的运作。利丰的信息系统是以内、外联网为主干搭建的。它能够有效地提升供应链各环节企业的协同效率，加速商业、资金、信息和产品流动的过程。

利丰集团的外联网主要是进行产品研发、订单处理和生产控制3项工作，它包括以下3个系统，如图1-11所示。

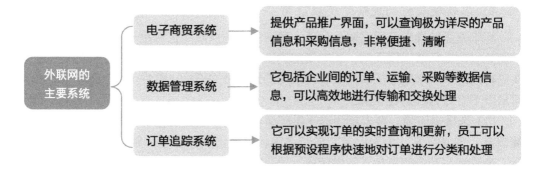

图 1-11 外联网的主要系统

外联网的 3 个主要系统各自具备核心功能，并且 3 个系统的信息可以互相传递，从而实现了供应链各环节企业的信息互通，使其在短时间内能够得到准确有效的反馈。

利丰的内联网是企业内部进行交流沟通、信息传递的系统，它突破了时间和空间的限制，让全球的员工都能够实时共享信息。内联网系统可以简化企业内部的工作流程，提升组织效率，同时也加强了企业内部职能部门的互相协作。

3. 通过分解价值链实现企业共赢

利丰集团在接到订单后，首先要做的就是在供应链网络中找到最合适的供应商。比如，利丰集团接到一笔女装订单，它会将订单进行分解，在中国织布染色，在韩国纺纱，在越南缝制，最后在日本装上拉链。利丰集团通过分解价值链，将订单分包的业务在各个环节分给能够发挥自身优势的供应商，使得企业在降低成本的同时，也能保证产品质量和提升制作效率。

当然，这也依赖信息网络技术的发展和利丰集团独特的全球供应链网络，根据不同的需求和价格，来选择最合适的供应商。利丰通过分解价值链能够更好地对供应链进行管理，使供应链各个环节的企业能够充分发挥自身的优势。这不仅让利丰在市场竞争中脱颖而出，也实现了企业间的互利共赢。

市场和需求是在不断变化的，企业也需要对供应链进行及时的调整和优化，以期跟上市场和需求的变化。利丰集团在这方面是一个值得学习的榜样，它能不断地去适应技术的发展，力求创新，在当前供应链管理占据重要地位的情况下，这种能力显得尤为重要。

1.3.2 掌握小米模式供应链策略

近几年小米手机市场占有率稳步提升，从 2010 年成立至今，每年都会有新的飞跃。小米手机一直主打的理念就是高性价比，这也使它成功俘获了大多数低价市场的客户，如图 1-12 所示。

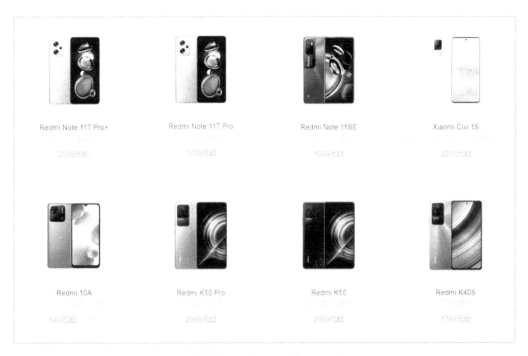

图 1-12　小米手机市场价格

面对日益升高的手机价格，小米手机为什么能始终维持高性价比呢？这是因为小米企业从供应链出发，不断地追逐高性价比。小米拥有自己的代工厂，大大缩短了供应链的长度，缩短的供应链还影响了以下 4 个环节。图 1-13 所示为小米二期智能工厂示意图。

图 1-13　小米二期智能工厂示意图

1. 仓储

传统行业如制造业、建材业等的仓储因为是按时间配货，所以常常会堆积大量的货物，仓储管理会耗费大量的人力和财力在储存的安全性上面。而小米在仓储方面最大的改进就是按实物销售，也就是说生产多少就卖多少。当然，生产量也不是凭空而来的，他们会根据过往的销售数据来制定本周的生产量，即本周的生产量就等于下周的销售量。

因此，小米手机更加关注的是订单的及时率和物流的周转效率。没有库存和积压，大大减少了小米的仓储成本，它可以投入更多的时间和资金在产品的研发和市场的营销上面。

2. 渠道

在其他手机企业中，手机厂商的渠道费用通常占到手机售价的 20%～30%，而小米手机自建厂商则省去了这笔费用。这就意味着，同是定价 3000 元的手机，其他手机企业需要多支付 600～900 元给手机渠道商。

小米的运输成本是最主要的渠道成本，因为没有自己的物流系统，所以一般外包给快递企业。

3. 资金

小米手机已经成为运营商最钟爱的手机之一了，因此其也在老年人市场成功占得一席之地。运营商的合约机使小米手机的销量有了稳定的保障，进一步扩大了市场，为之后的发展奠定了基础。并且，小米手机还可以要求运营商先付款再拿货，运营商给予小米手机最为优惠的话费补贴，而这些优势最终会体现在资金流上。

网上支付都是即时的，小米手机回款周期较短，加上没有库存压力，因此在资金上几乎没有什么压力，也能将更多的时间和精力投入到下一步的组织生产中。小米以较低的价格吸引客户，在得到大规模的支持之后，成本曲线会不断向下倾斜，随着产品生命周期拉长，累积的利润就会持续增长。

小米追逐高性价比缩短了供应链的长度，节省了不必要的成本并提升了生产效率，能够将时间和资金投入到创新上去，这是小米手机成功的一个关键。小米手机立足于高性价比建设企业品牌，吸引了众多粉丝的关注，成为当下市场占有率最高的手机企业之一。

4. 营销

小米手机的实体店经营很少，更多的是依靠线上售卖的方式，省去了中间环节的成本。线上销售的模式也为小米手机提供了调查、咨询和服务为一体的功能，更加方便快捷，订单的及时率和有效性也得到提高。

另外，小米手机一般不会做传统渠道的广告投放，主要是利用新媒体渠道如小米论坛、微博、抖音等进行推广，如图 1-14 所示。

图 1-14　小米手机推广

新媒体渠道成本很低，相较于传统的广告渠道，可以减少 10%～20%的营销成本。

第 2 章

网络：

设计应用渠道

供应链网络包括与核心企业相连的成员组织，企业需要对其进行分类，并确定哪些成员对企业供应链的发展有着重要作用，这样才能更好地分配资源。本章我们便来了解一下供应链中的网络情况。

2.1 分销网络：跨越企业之间的界限

分销是指产品发生在供应商和客户两个环节之间的流动过程，它是供应链结构中必不可少的一部分。分销是决定企业能否盈利的关键，因此在进行供应链管理时，对分销环节需要加强监管。并且，企业需要对分销环节进行合理的安排和设计，以形成全面和系统的分销网络。

分销网络的构成较为复杂，存在多种类型的客户、多种方式的流动、多种规则的运行、多种资金的转移等。具体来说，分销网络是由以下 5 种网络共同构建而成的，如图 2-1 所示。

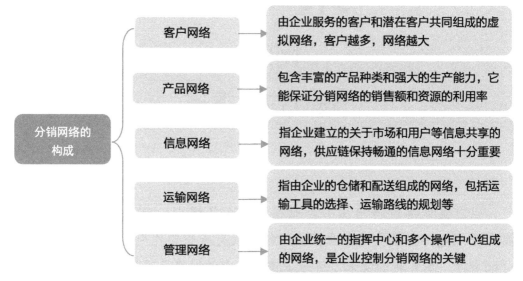

图 2-1　分销网络的构成

分销网络在供应链中占有重要地位，企业在构建分销网络时应该遵循设计原则、实施设计方案，只有这样才能更好地将其应用到实际的分销过程中去。

2.1.1 供应链分销网络的设计原则

分销网络是由分销渠道组合而成的。分销渠道是指产品在流通过程中，所有取得产品所有权或者帮助产品流动的企业和商家所组成的供应链，其包括不同类型的中间商和位于供应链两端的生产者和客户。

产品只有通过买卖或者交换，进行所有权的转移，才能形成形式上的商流和实质上的物流。商流和物流的结合，能够将产品的所有权转移至客户手中，其间各种不同的中间商便形成了分销渠道或分配途径，最终形成分销网络。

传统的分销模式是由生产者、供应商、零售商和客户共同组成的，而随着时代的发展，供应链在资源配置方面也在不断完善，突破了原有的分销模式和类型，逐步形成了以下 3 种模式的分销网络，如图 2-2 所示。

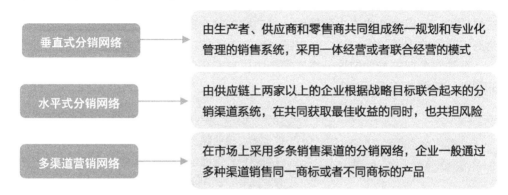

图 2-2　分销网络的模式

在设计供应链分销网络的过程中，应该遵循基本的设计原则，以保证分销网络能够满足供应链管理的战略和要求。一般来说，供应链分销网络的设计应该遵循以下 5 条基本原则。

1. 以客户需求为导向

客户是市场存在的根本，尤其在当前市场竞争日益激烈的环境下，企业必须以满足客户和市场的需求为导向，保持竞争和发展的生命力。当企业面对数量多且不固定的客户时，他们的需求是难以预测的。不同的客户因为个体差异，在需求方面存在很大的波动，很容易造成供需失衡，给企业带来损失。

因此，企业在关注自身经营情况的同时，还必须构建以客户需求为导向的供应链分销网络，充分掌握客户需求的动态变化，尽可能地接近他们，及时供应产品，满足客户各方面(销售时间和地点)的需求。

2. 以效益最佳为目标

企业建立的目的是盈利，而企业建立分销网络的目的则是提升中间商的效率，从而更加快速准确地将产品投入到目标客户市场，获取最佳利益。因此，在建立分销网络时，需要注重提高流通的效率，不断降低流通过程中的费用，使产品转移各个环节的费用设置合理化。这是降低供应链成本、提高产品价格竞争优势的有效方法，也是实现企业追求最佳利益目标的必经之路。

另外，想要得到客户的认可，就必须提升企业的服务水平。这就意味着，销售成本也会随之增加。所以，为了获取最佳效益，企业可以将服务水平设置在一个比较合理的范围内，并在该范围内寻找达到合理水平的最小成本。

3. 确保企业主导地位

设计分销网络就是将供应链各个环节的企业紧密联系起来，提升产品流通的效率。因此，企业在设计分销网络时，要注意发挥自身优势，确保企业在分销网络中的主导地位。一旦企业失去主导地位，供应链的各个环节就无法有效地组织起来，反而会影响产品的流通效率，整个供应链也就失去了它应该发挥的作用。

在确保企业主导地位这一基本原则中，其实还包含了合理分配利益和协调与平衡的原则，如图 2-3 所示。

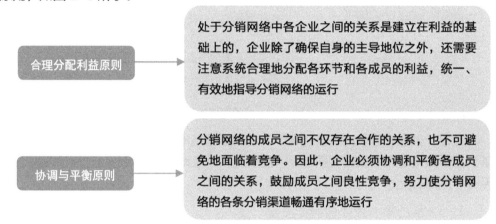

图 2-3　确保企业主导地位原则的内涵

4. 保持网络信息畅通

在设计供应链分销网络的过程中，必须注重保持网络信息的畅通，帮助企业实时了解市场动态、库存变化和销售情况，提高市场的反应速度和决策的准确性，从而在市场竞争中占据先机。想要保持网络信息畅通，企业需要对分销网络进行信息化管理，建立一个覆盖整个供应链分销网络的信息管理系统。图 2-4 所示为分销网络信息管理系统的主要功能。

在开发分销网络信息管理系统时，不能只考虑分销资源的配置问题，还应该将客户关系管理的思想和技术融入进去，建立面向客户的分销网络信息管理系统。这样不仅能够对供应链各个环节的企业或成员进行管理，实时了解订单、财务、库存等状况，还可以加强对客户信息的管理和应用，改善企业与客户之间的关系，提高分销网络销售工作的效率和客户满意度。

5. 以分销服务为基础

在分销过程中，要想提高客户的满意度，就必须与客户保持良好的沟通。而维持良好沟通所需要做的工作和活动统称为分销服务，包括包装精美的产品、准时安全的物流、及时有效的售后服务等，它是企业保持竞争力的武器，能够有效地防止客户流失，增强企业员工的销售能力。

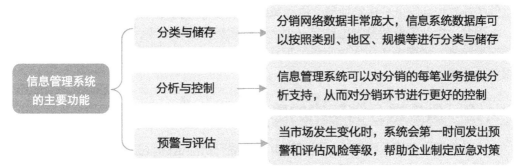

图 2-4　分销网络信息管理系统的主要功能

分销服务是所有企业设计分销网络的基础，同时也是市场竞争的客观需要。在市场中，所有的话语权都掌握在客户的手中，企业只有提供个性化的增值服务，更好地满足客户的需求，才能得到客户的青睐。并且，在供应链的流动过程中，拥有增值服务的企业也能得到更多的资源。因此，对分销服务进行有效的实施和控制，可以帮助企业在市场竞争中脱颖而出。

分销服务作为企业设计分销网络的重要一环，具有以下 5 个主要特征，如图 2-5 所示。

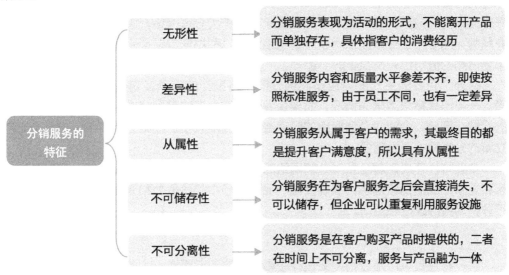

图 2-5　分销服务的特征

随着时代的发展，服务越来越具有经济性特征，它也会随着市场和产品的价格变化而变化。分销过程中的服务对招揽客户和提高绩效具有重要影响，也能起到维持老客户的重要作用。但是，分销服务也是需要一定成本的，所以不能无限制地使用，否则服务成本也会降低分销的业绩，进而减少企业的利润收入。

因此，企业需要着重考虑制定一个合理的服务标准和水平，像一日达、紧急输送等运输服务，需要考虑成本与收益的平衡，或者考虑由供应链中的各个主体共同分担服务的成本。

2.1.2 供应链分销网络的影响因素

企业之所以建立分销网络，是因为其想要提升供应链的服务质量和响应速度，将产品更快、更好地送到客户手中，并与客户建立起稳定的联系。因此，分销网络的设计也会受到许多因素的影响和制约，主要包括企业特性、客户特性、环境因素、产品特性、中间商特性和竞争者特性6种因素。

1. 企业特性

在分销网络设计中，企业特性的影响占有很大比重。企业的资产、信誉、经营状况等，都在一定程度上决定了它适合什么样的网络设计结构，以及对分销网络的控制力。企业一般都会通过搜集数据进行分析，判断其在市场中的生产能力和风险承受能力，预测市场潜力和可能遇到的风险。

拥有充足资金的企业可以选择构建自己想要的分销网络设计结构，依据自己的喜好来选择网络成员，通过投入巨额资金来不断扩大分销网络，增加产品销量，打造企业品牌。而中小企业只能依附于分销网络生存，利用低价促销来增加产品销量，其在市场占据的份额也只是很小的一部分。

另外，企业的生产能力也是制约分销网络设计的因素，它关系到分销网络的畅通。一旦出现需求激增的情况，如果企业的生产力无法满足需求，就会出现销售中断的问题。因此，企业对分销网络的畅通要保持高度重视，在某些情况下，它甚至比建立新的分销网络更为重要。

企业特性还决定着企业对分销网络的控制力。对网络进行有效控制，可以及时了解和更新产品的销售信息，准确评估产品在市场中的竞争力和变化趋势，帮助企业进行分销网络的改进和更新。

2. 客户特性

客户特性是供应链分销网络设计中最重要的影响因素，企业一般会根据不同的客户选择不同类型的分销网络。比如，当企业进入大规模的市场时，就需要一条较长的分销通路，而客户购买量小，购买次数多，则分销渠道就要短一些。

另外，客户对不同产品的购买习惯也会影响到分销网络的设计。比如日常用品，客户规模较大，购买次数较多，企业就需要利用批发商和零售商组成的分销网络，将产品分散到各个角落，客户可以很迅速且方便地进行购买。而像钻戒、黄金这样的奢侈品，客户会进行精心的思考和比较，然后决定是否购买。企业只需要通过少数几个零售商去推销，甚至一个地区只需要一家零售商去经销，因此其分销网络是疏而广的。

3. 环境因素

环境因素对分销网络的设计影响很深且较为复杂，一般可以分为社会环境、竞争环境和经济环境，如图 2-6 所示。

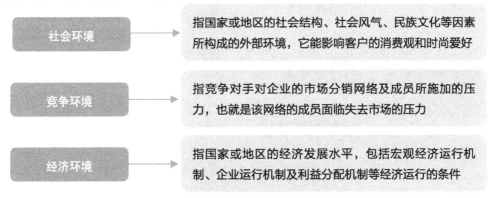

社会环境	→	指国家或地区的社会结构、社会风气、民族文化等因素所构成的外部环境，它能影响客户的消费观和时尚爱好
竞争环境	→	指竞争对手对企业的市场分销网络及成员所施加的压力，也就是该网络的成员面临失去市场的压力
经济环境	→	指国家或地区的经济发展水平，包括宏观经济运行机制、企业运行机制及利益分配机制等经济运行的条件

图 2-6　分销网络设计的环境因素

环境因素具有稳定和变化这两种截然相反的特征。一方面，环境存在着一定的稳定性和连续性，比如社会的价值观念和传统文化要求等环境因素在很长一段时间内都是稳定的，企业可以通过适应稳定的环境因素来获取信誉，建立品牌形象，从而抢占更多的市场份额。

另一方面，大部分环境因素是处于不断变化当中的。虽然这一类环境因素很难掌控，但是环境因素的变化客观上存在着一种规律，企业可以拉长时间段，找到其中蕴藏的稳定规律，并从中寻找成长和发展的机会。在分销网络的设计中，也需要保持一定的灵活性，以适应未来环境因素的不断变化。

4. 产品特性

产品由于物理性质和化学性质各不相同，其特性差异很大，为此在设计分销网络时，只有选择合适的分销通路，才能获得更好的销售效果。一般来说，物理性质不稳定的产品需要比较直接的分销通路，因为拖延和重复会造成较大的损失。体积庞大的产品，则要求采用运输距离短的分销模式，使产品在流通过程中尽量降低成本。

当产品的价值很高时，就需要选择集中型直接分销通路，因为价值大的产品分销数量是很少的，所以只能集中在几家大的经销商那里进行分销。产品的价值较小时，则需要采用密集型间接分销通路，通过数量众多的中间商来经营这类产品。

5. 中间商特性

中间商作为分销网络中重要的组成部分，它的特性也是分销网络设计中必须考虑的一个重要因素。中间商特性主要包括市场覆盖范围、声誉、管理能力和态度，不同类型的中间商因其特性不同，在执行分销任务时具有各自的优势和劣势。企业在设计分销网络时，要注意扬长避短，充分发挥中间商的优势，规避其不足之处。图 2-7 所示为选择中间商的主要标准。

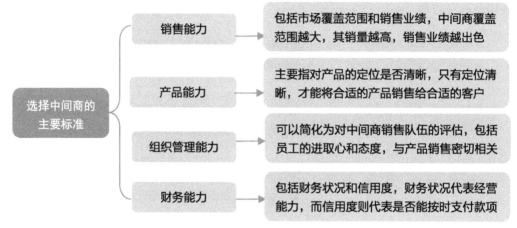

图 2-7　选择中间商的主要标准

6. 竞争者特性

市场中的竞争不可避免，因此企业在设计供应链分销网络时，也应将竞争者的特性考虑进去。一般来说，企业可以选择积极竞争或者标新立异两种竞争手段。积极竞争就是选择与竞争者相同的分销网络，在正面对决中战胜对手。比如企业觉得自家产品在质量、价格、服务上具有竞争优势，就可以将产品和竞争对手的产品摆放在一起进行销售。我们常见的麦当劳和肯德基就会经常将网点放在一起，展开正面竞争。

而标新立异则是回避竞争对手，独辟蹊径，采用不同的分销网络，利用自身的优势和独特的创意获取优势。选择这种手段的企业一般都是因为竞争对手在其传统分销网络中占据绝对优势，企业的硬实力无法与其抗衡。比如日本石英电子表在进军美国市场时，就避开了瑞士钟表占据绝对优势的传统分销网络——钟表店，而是根据产品物美价廉、款式新颖等特点建立零售店和超级市场构成的分销网络，迅速取得成功。

2.1.3　供应链分销网络的设计方案

当供应链中任意两个环节之间进行分销时，如从供应商到制造商，或者服务企业通过分销网络为客户提供服务，都有多种方案可以采用。关键是设计分销网络方案时，必须制定以下两个决策。

(1) 产品是交付到客户所在地还是客户去预定地点取货？

(2) 产品需要经过中间环节(中间设施)吗？

回答上述两个问题就是制定分销网络设计方案需要满足的要求，基于答案，苏尼尔·乔普拉曾将分销网络设计方案分为以下 7 种，各位读者可以基于企业在供应链所处的位置和方案的优缺点，来判断选择适用于自身企业的方案。

1. 制造商存货 + 直送

在这种模式中，零售商接受订单并启动交货请求。但产品不经过零售商，而是直接由制造商发送给最终客户，这种模式也被叫作代发货。订单信息也会从客户经零售商传递给制造商，产品则直接由制造商发送给客户。在大多数情况下，代发货主要用于滞销商品的客户交付。

运作决策阶段的时间范围更短，一般在一天到一周的时间范围内。在这一阶段，企业需要根据客户的每个订单作出决策。因为，战略决策和计划决策都已经确定下来，所以在运作阶段内主要的决策包括根据订单分配库存或者安排生产、确定订单的运输方式、确定订单履行时间、发出补货订单等。

由于运作阶段是短期决策，所以各种不确定因素影响比较小。在这一阶段，决策的主要目标是利用已知的客户订单，以最好的方式来处理供应链各个环节之间的关系。

2. 制造商库存 + 直送 + 在途并货

与前者不同，这种方式中间还存在着一个承运方，主要是将来自不同地方的产品在中途并货，然后再一次性发送给客户。以一台计算机为例，其主机、显示器以及各种零件来自不同的工厂，然后再在一个枢纽中心将其组合，最后一次性发送给客户。

在成本方面，与前者相比，运输成本会相对降低，但是搬运和设施的成本则比"制造商存货 + 直送"要高，因此也可以看出，这种模式的优势在于运输成本低，顾客的体验也得到改善，其劣势则是并货时需要支出额外的费用。

由于这种方式需要将产品从各个地区发出并在中途并货，因此需要各大工厂以及枢纽中心有一个良好的沟通协作机制。所以，在这种运行模式下还需要一个复杂的信息基础设施，以保障各工厂与枢纽中心的高度协作。

3. 分销商存货 + 承运人交付

这种交付模式主要是将货物都存放在分销商的中间仓库中，再由承运人将货物从中间仓库运送到顾客手中。

前两种模式都是由制造商存货，而这种模式则是由分销商来存货。制造商存货与分销商存货主要有以下 4 种区别，如图 2-8 所示。

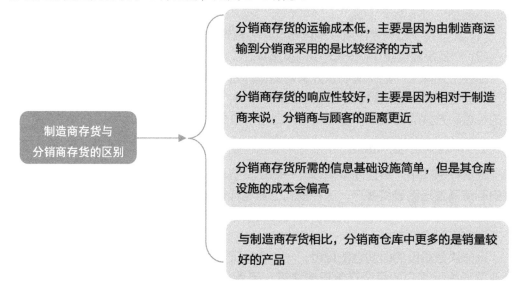

图 2-8 制造商存货与分销商存货的区别

4. 分销商库存 + 到户交付

采用这种模式不需要承运人进行运输，主要是由分销商直接将产品运输给顾客。该模式在汽车备件行业运用得最多。

在这种模式下，会有多个地方分销中心，而这些地方分销中心一般是由第三方打理，主要是负责向一组零售商运输所需要的零件，并且每天多次送货。因为不存在承运人，需要由地方分销中心进行产品运输，因此要求其更加贴近顾客。

在所有的分销网络中，这种方式的运输成本最高，主要是因为需要地方分销中心自己运送到顾客手中，但是这种方式的响应时间非常快。

5. 制造商或者分销商库存 + 客户自提

这种方式主要是由制造商或分销商将产品放置到指定地点，然后客户在指定地点提货，例如亚马逊通过自提柜的方式提货。一般来说，仅仅使用这种模式可能存在问题。销量大的和滞销、不确定需求的产品可以分开布局，如将销量好的产品布局在提货点，而将滞销品或者不确定客户需求的商品布局在中央仓。

值得注意的是，这种模式从运输成本上看，客户自提可以在一定程度上节约商家的物流成本。在这种模式下，不管是整车运输还是集运，所需的费用都主要是聚集区的设仓费用，信息整合方面与前面几种模式也并无太大区别。

而在客户体验方面，这种模式需要客户去现场提货，因此这种模式比较适用于那种需要线下现金支付的客户。此外，这种模式在货物到达指定地点后，会及时通知客户自提，而且在退货方面也是比较便捷的。但是，这种模式增加了搬运的成本以及复杂性。

6. 零售商存货 + 顾客自提/送货

"零售商存货 + 顾客自提/送货"模式是供应链中最传统的模式，主要是通过客户在现场购物或下单进行提货。这种模式的库存水平是比较高的，而且针对畅销类 SKU (Stock Keeping Unit，最小存货单位)，哪怕是增加库存，库存成本也不会因为流转的问题增加太多。

这种模式的信息设施投入需求比较简单，客户现场便可以完成交付并退货，因此比较适合那些非常畅销的产品。

7. 混合模式

有时候单一的模式并不能很好地完成分销，而且目前的供应链网络结构都是采用多种模式结合的形式来进行分销的，即一种混合型的分销网络。例如，需求非常高的产品是通过"零售商存货 + 顾客自提/送货"的模式进行，常规的产品则是放置在全国中心仓，而滞销品则是通过制造商直送的方式进行。

目前，比较流行的模式是按照地域在全国范围内设立 5 大枢纽中心仓，而这个中心仓是能够对全国所有的订单进行操作的。

2.2　供应链管理的网络决策

供应链中包括了许多设施，如对材料、产成品等进行相关工作的一切设施，这些设施联结在一起就形成了供应链网络。供应链网络设计在供应链中非常重要。本节我们便来看一些网络决策的相关内容。

2.2.1　供应链网络决策的内容与作用

供应链网络设计决策决定了供应链的配置，其好坏能够影响供应链的成本以及响应性。因此，做好供应链网络决策有利于提高供应链的绩效。下面，我们来看一下供应链网络决策的内容以及作用。

1. 网络决策内容

供应链网络决策包括网络选址决策、设施产能分配、生产线的数量等，其中网络选址决策在整个网络决策中有着非常重要的作用，对供应链的绩效有着长期的影响。

网络选址决策主要包括 5 个方面，分别是设施区位、设施数目、设施功能、设施的市场和供给配置、设施容量，具体内容如图 2-9 所示。

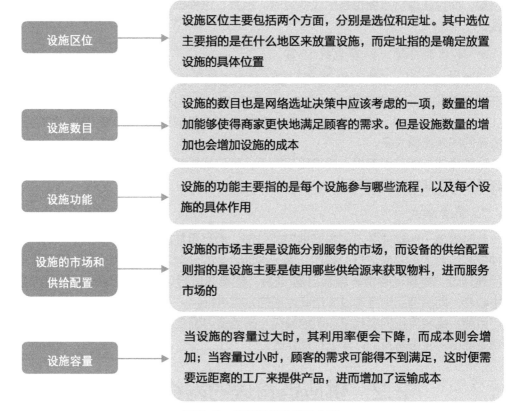

图 2-9 网络选址决策的内容

2. 网络决策作用

做好网络决策能够使供应链中的每个设施都充分发挥作用，并且最大限度地降低供应链的成本，提高供应链的响应速度。一般来说，网络决策的作用主要体现在 3 方面，具体内容如下。

(1) 网络决策会影响供应链的服务能力、成本以及投资效益。

(2) 网络决策还会影响供应链的运营，并决定供应链的架构。

(3) 网络决策还直接影响着供应链网络设施的数量、规模和地理关系等。

2.2.2 供应链网络决策的影响因素

影响供应链网络决策的因素有些是可以量化的，有些则不能。一般来说，影响供应链网络决策主要有 8 大因素，下面我们便向大家介绍这 8 大因素。

1. 战略性因素

战略性因素主要是不同企业的竞争战略会对供应链的网络决策产生一定的影响。图 2-10 所示为战略性因素的主要内容。

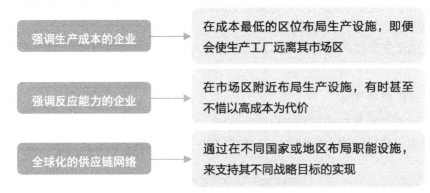

图 2-10　战略性因素的主要内容

值得注意的是，企业在布局设施时，会存在集中布局和分散布局两种情况。两者的一般性特征也不尽相同，如表 2-1 所示。

表 2-1　集中布局和分散布局的一般性特征

	集中布局	分散布局
规模效应	有	难
经验效果	易	难
协同作用效果	易	难
生产费用	小	多
管理费用	小	多
运送费用	多	小
交货期	长	短
公司内的经验等	易共享	难共享
协作设施的组织化	易	难
事故等风险	大	小

2. 技术因素

由于生产技术的不同，设施的布局、作用也有所不同。具体来说，技术因素主要包括以下 4 种。

(1) 当生产技术足够先进，能够带来显著的规模经济效益时，商家可以布局少量的大容量设施在当地。

（2）当设施建设的固定成本较低的时候，商家可以建设大量的地方性生产设施。另外，建设大量的地方性生产设施能够降低运输成本。

（3）由于不同的国家对产品的要求不同，因此在生产技术稳定的前提下，可以在不同的国家建立多个地方性基地。

（4）由于生产技术具有灵活性，因此企业可以建设一些少量的大型生产基地进行生产。

3. 宏观经济因素

供应链网络决策还会受宏观经济的影响，其中包括关税、税收、汇率和需求等，这些因素对供应链网络中的成本以及利润都有一定的影响，如图2-11所示。

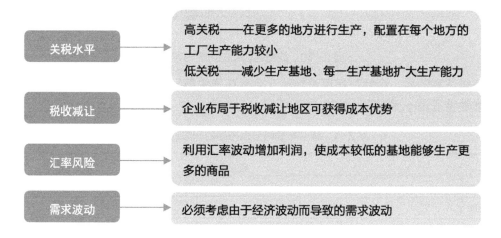

图2-11 宏观经济因素的具体影响

4. 政治因素

政治不仅影响经济，而且对供应链网络的决策也有一定的影响。一般来说，企业在选址时会比较倾向于政治稳定的国家，这主要是因为政治稳定的国家其经济贸易规则比较完善，所有权也比较明确。但是，政治稳定因素是难以量化的，所以企业在布局时考虑政治因素主要是依赖于主观的判断。

5. 基础设施因素

供应链网络决策还受到基础设施的影响，基础设施的好坏往往影响着供应链网络运营的成本。不好的基础设施会增加供应链运营的成本，而好的基础设施则会相应地减少一定的成本。因此可以说，好的基础设施是企业在特定区域内布局供应链设施的先决条件。

基础设施的因素主要包括场地的供给、劳动力的供给、交通密集情况(铁路、运输枢纽、机场码头等)、地方性公用事业等。

6. 竞争性因素

竞争性因素也就是考虑竞争对手的情况，包括竞争对手的战略、规模、市场以及地点等。在竞争性因素方面，主要是要做好一项基本的决策，即企业在布局设施时是要靠近还是远离竞争对手。企业在考虑竞争性因素时需要考虑原材料、劳动力等因素，以确定是靠近还是远离竞争对手。

针对竞争性因素进行选址的考虑，主要包括以下两个方面。

(1) 企业间的积极外部性。积极外部性主要指的是许多竞争企业相互靠近并互相受益的情况。如零售店临近选址的话能够使顾客购买更加方便，进而增加进入零售店的顾客总量，从而达到互相收益的目的。

(2) 分割市场的选址。分割市场选址，顾名思义，指的是企业以瓜分市场为目的来进行布局。分割市场的选址主要包括两种情况，如图 2-12 所示。

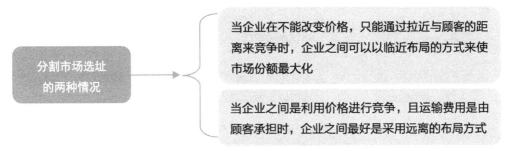

图 2-12　分割市场选址的两种情况

7. 对顾客需求的反应时间因素

一般来说，对顾客需求的反应时间主要包括两种类型。一种类型是企业以缩短对顾客需求的响应时间作为目标，那么这样的企业选址就必须选择在离顾客较近的地区。而这类企业便需要建设许多生产基地来缩短对顾客需求的响应时间，但是每个生产基地的生产能力比较弱。如小型的连锁便利店主要考虑的是缩短顾客需求的反应时间。只有这样，便利店才会有许多人光顾。

另一种类型针对的是对时间不够敏感的人群，即目标客户能够接受较长的反应时间。那么，这种情况下，企业一般会集中力量扩大每一处设施的能力，如大型超市。每个大型超市都距离较远，并非是密集分布，但是其规模比小型的便利店要大，而且产品也更多。

两种类型的关系如图 2-13 所示。当要求的反应时间较短时，那么必需的设施数量较多；当要求的反应时间较长时，必需的设施数量则较少。

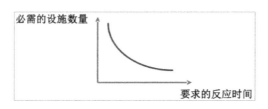

图2-13 要求的反应时间和必需的设施数量的关系

8. 总物流成本因素

总物流成本主要包括 3 个方面，分别是库存成本、运输成本和设施成本，具体内容如图 2-14 所示。

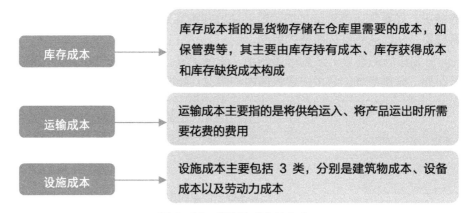

库存成本 → 库存成本指的是货物存储在仓库里需要的成本，如保管费等，其主要由库存持有成本、库存获得成本和库存缺货成本构成

运输成本 → 运输成本主要指的是将供给运入、将产品运出时所需要花费的费用

设施成本 → 设施成本主要包括 3 类，分别是建筑物成本、设备成本以及劳动力成本

图2-14 总物流成本的内容

总成本与库存成本、设施成本、运输成本、设施数量有一定的关系，其关系如图 2-15 所示。

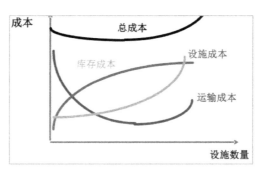

图2-15 总成本与库存成本、设施成本、运输成本、设施数量的关系图

从图 2-15 中可以看出，设施成本和库存成本会随着设施数量的增加而增加，而运输成本会随着设施数量的增加而减少，但减少到一定程度后，运输成本又会随着设施数量的增加而增加。

值得注意的是，供应链网络决策主要是为了减少总物流成本并缩短顾客需求的反应时间。图 2-16 所示为反应时间、物流总成本与设施数量的关系图。从中可以看出，随着设施数量的增加，反应时间将会不断减少。

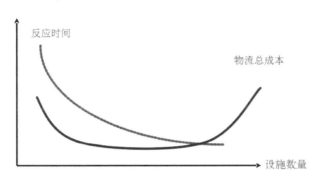

图 2-16　反应时间、物流总成本与设施数量的关系图

2.2.3　供应链网络决策的步骤

供应链网络决策的步骤主要可以分为 4 步，分别是供应链战略、地区性设施架构、理想的选址和区位选择，如图 2-17 所示。

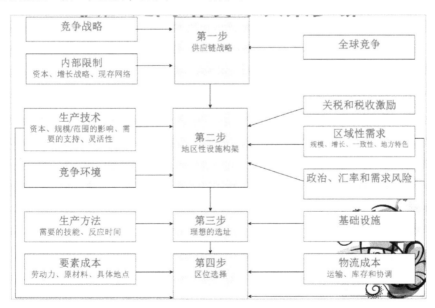

图 2-17　供应链网络决策的步骤

第一步明确供应链战略的主要内容是确定供应链的总体设计，包括供应链中的各个环节等；第二步主要是确定将设施安排在哪些区域；第三步则是在确定区域的基础上确定设施的潜在地区；第四步则是在第三步的基础上确定设施的具体位置并分配产能。

2.2.4 供应链网络决策优化模型

确定供应链网络决策优化的模型需要考虑时间、成本和区域内的需求总量。一般来说，构建供应链网络决策优化模型主要有经验寻优法、数学规划法、仿真模拟法 3 种方法。另外数学规划法还可以分为单设施、多设施、复合问题 3 种类型，具体内容详述如下。

1. 单设施

单设施的主要目标是将运输的总成本降到最小，其公式如图 2-18 所示。该公式中，TC 指的是运输的总成本，V_i 指的是节点 i 运输的总量，R_i 指的是待选址设施到节点的运输费率，d_i 则指的是待选址设施到节点的距离。

$$\min TC = \sum_i V_i R_i d_i$$

图 2-18　运输总成本最小的公式

2. 多设施

多设施选址比单设施选址更具现实意义，其目的是要在满足产量、需求等条件的前提下，确定能够使总物流成本降到最小的设施规模和位置。多设施选址所选的方法较多，但是问题也更复杂。比较常见的方法有多重心法。多重心法主要包括以下 4 个步骤，如图 2-19 所示。

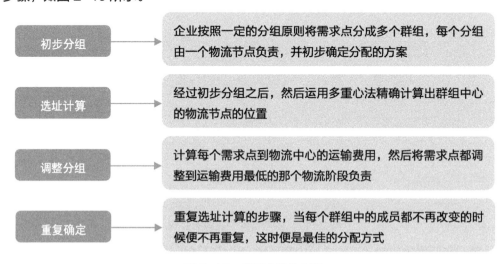

初步分组	企业按照一定的分组原则将需求点分成多个群组，每个分组由一个物流节点负责，并初步确定分配的方案
选址计算	经过初步分组之后，然后运用多重心法精确计算出群组中心的物流节点的位置
调整分组	计算每个需求点到物流中心的运输费用，然后将需求点都调整到运输费用最低的那个物流阶段负责
重复确定	重复选址计算的步骤，当每个群组中的成员都不再改变的时候便不再重复，这时便是最佳的分配方式

图 2-19　多重心法的步骤

3. 复合问题

复合问题针对的是多个起点、多个终点的运输问题，其模型如图 2-20 所示。

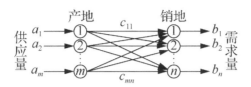

图 2-20　复合选址模型

图中 a_m 指的是供应量，b_n 则指的是需求量，而 c_{mn} 则指的是单位运价。复合选址问题主要考虑的是如何降低运输的费用。

2.3　全球网络：实现供应链全球化

全球化对供应链具有双面性，一方面全球化给供应链的发展提供了许多的机会，另一方面全球化也为供应链的发展带来了威胁。要想提高供应链的绩效，便需要企业利用好全球化带来的机会，规避全球化带来的威胁。本节，我们来了解一下全球化供应链背景、全球化供应链管理和国际供应链。

2.3.1　全球化供应链背景

在了解全球化供应链之前，我们先来了解一下全球化供应链的经济背景以及发展的动因。

1. 经济背景

供应链全球化一个重要的因素便是经济的全球化，经济快速发展加快了供应链的全球化，那么全球化供应链的经济背景有哪些呢？主要有竞争的新格局、经济全球化以及各个国家的相关鼓励政策，具体内容如下所述。

1) 竞争的新格局

随着经济的全球化，各国的经济都在不断地发展中，从而形成了市场竞争的新格局，其特点如图 2-21 所示。

2) 经济全球化

经济全球化(Economic Globalization)是指世界经济活动超越国界，通过对外贸易、资本流动、技术转移、提供服务、相互依存、相互联系而形成的全球范围的有机经济整体的过程。

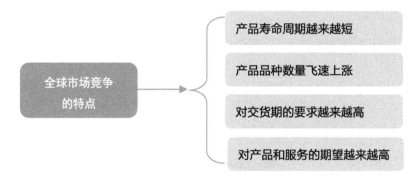

图 2-21　全球市场竞争的特点

经济全球化主要指的是各生产要素在不同国家以及地区之间进行流动，如商品、技术、信息、服务、资金、信息等。目前，世界各国的经济联系越来越密切，日益成为一个整体。

经济全球化的形成因素主要有以下 5 个方面。

(1) 根本因素是生产力发展的结果。

(2) 高科技的发展，特别是信息技术的发展，为经济全球化奠定了物质技术基础。

(3) 越来越多的国家发展市场经济，是经济全球化的体制保障。

(4) 国际贸易和投资自由化，是经济全球化的直接动因。

(5) 企业经营国际化，尤其是跨国公司在全球范围内的迅速扩张，起到了推动作用。

为什么经济全球化能够迅速发展呢？主要在于图 2-22 所示的几个方面。

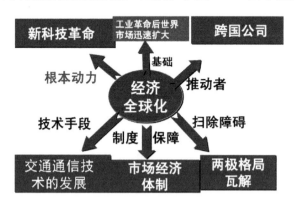

图 2-22　经济全球化迅速发展的原因

3) 鼓励政策

鼓励政策主要包括发达国家鼓励加工贸易的政策和发展中国家鼓励出口的加工政策。

2. 发展动因

全球化供应链的发展动因主要包括两个方面，分别是技术进步和国际分工深化。其中技术进步主要包括产品结构的复杂化、运输成本的降低、信息技术的进步；而国际分工深化主要包括行业间的分工、行业内分工和产品内分工 3 个方面。

2.3.2　全球化供应链管理

全球供应链也可以称为全球网络供应链。是供应链的成员遍布全球，生产资料的获得、产品生产的组织、货物的流动和销售、信息的获取都是在全球范围内进行和实现的供应链。

全球供应链(Global Supply Chain)是指在全球范围内组合供应链，它要求以全球化的视野，将供应链系统延伸至整个世界范围，根据企业的需要在世界各地选取最有竞争力的合作伙伴。

全球化供应链管理需要各大企业快速且全面地了解全球各个国家、各个地区客户的需求，然后根据需求做好供应链的计划、协调、操作、控制和优化。

全球化供应链管理主要是依靠现代网络信息技术支撑，从而实现供应链的一体化和快速反应，进而满足全球客户的需求。

全球化供应链的特点主要有 5 个，分别是距离越远导致库存越高、预测的准确性降低、技术障碍更大、所涉及的产品更具有多变性以及汇率和通货膨胀对全球供应链的影响较大。下面我们来看一下全球供应链及其管理的相关情况。

1. 系统构成

全球化供应链的系统主要由 6 部分构成，具体内容如下。

(1) 生产和采购。

(2) 国际运输，包括出口货物的国内运输段和国际货物的运输段。

(3) 外贸商品储运系统。

(4) 进出口商品装卸与搬运子系统。

(5) 进出口商品的流通加工和检验子系统。

(6) 外贸商品包装子系统。

2. 全球化供应链管理的优点

全球化供应链管理主要有以下 5 个优点，如图 2-23 所示。

3. 设计

全球化供应链的管理必须满足以下 3 个要求，分别是满足全球化的顾客需求、跨越国界的供应链一体化以及能够实现快速反应运作。其中，做好跨越国界的供应链一体化需要把握以下 3 个方面。

(1) 构建长期有效的产品销售渠道和网络。

(2) 前期做好合作的计划以及预测。

(3) 为实现快速反应,防止出现各种问题,可以适当与第三方管理者进行合作。

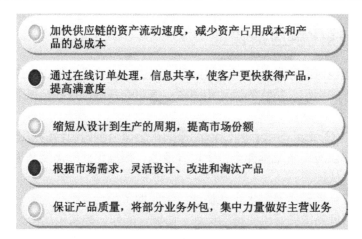

图 2-23　全球化供应链管理的优点

此外,在全球化供应链中,为了快速实现反应运作,最好能够建立起快速反应的组织、人力资源以及提前制定好快速反应的策略并采用。

值得注意的是,全球化供应链设计主要包括四大原则,具体内容如下。

(1) 国际物流活动的集中化。

(2) 客户服务的管理和控制当地化。

(3) 积极采取外部采购和外部委托的经营方式。

(4) 建立国际物流信息系统。

2.3.3　国际供应链

全球供应链的系统结构类型主要包括 4 种,分别是国际配送系统、国际供应商系统、离岸加工系统、国际供应链系统。下面我们重点来了解一些国际供应链。

1. 驱动力及竞争优势

国际供应链有 6 大驱动力,分别是经济全球化、时间竞争、提高期望绩效、过程整合、供应链集成、技术创新。图 2-24 所示为国际供应链的竞争优势。国际供应链可以将企业的竞争优势转变为供应链的竞争优势。

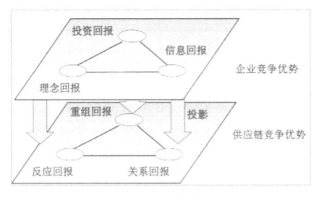

图 2-24 国际供应链的竞争优势

2. 企业融入国际供应链的驱动力

企业融入国际供应链主要有 4 种驱动力，分别是全球市场、科学技术、全球成本和政治经济，下面对其作简要介绍。

全球市场力量主要包括 4 个方面。首先，全球市场力量既包括了全球境内各个竞争者的压力，也有国际客户带来的机遇；其次，在国际市场中还蕴含着企业需求成本的机遇；再次，企业融入国际供应链后能够增加对产品的需求；最后，在全球供应链中，企业也会在压力中不断地发展自己的技术和产品。

在科技力量方面，企业进入全球供应链后，能够获取到更多有用的信息和技术，提高自身的科技水平。并且，在全球供应链的背景下，世界上许多技术、零件都是可以利用的，因此企业需要提高自身的利用能力，提高自身产品的质量以及生产效率等。

值得注意的是，成本问题是影响企业发展的因素之一，也是企业拓宽市场以及发展范围的关键因素。目前，国外有些地方的劳动力更加便宜，而这也会吸引更多的企业向外发展。

在政治经济方面，主要是政策机制驱动企业，如各国的贸易保护机制、区域性的贸易协定和政府的采购政策等。

3. 国际国内供应链的差异

国内和国际供应链在很多方面都存在着差异，如运输工具、货物运输风险、财务风险、涉外组织、政府组织、文件及单证需求、信息传输和文化等，如表 2-2 所示。

表 2-2 国际国内供应链的差异

项　目	国内供应链	国际供应链
运输工具	公路、铁路	海运、航空与多式联运
货物运输风险	较低	较长的运输时间与货物转接处理

续表

项　目	国内供应链	国际供应链
财务风险	较小	高风险(汇率、通货膨胀)
涉外组织	较少	高度依赖国际承运商与报关行
政府组织	危险品、重量、税收等管制	海关、商务 、农产品与交通运输
文化及单证需求	较少	较高的文件及单证需求
信息传输	语音、文件与 EDI 信息	低效率的语音与文件传达，EDI 标准化困难
文化	相同	文化差异产生产品与市场需求的不同

专家提醒

表 2-2 中的 EDI(Electronic Data Interchange)，中文释义为电子数据交换。EDI 主要是通过计算机的应用系统将数据按照一定的格式，传输到另一台计算机的应用系统中。

4. 风险管理

供应链风险不仅包括内部风险，还包括外部风险。供应链风险具有客观性和普遍性，它是客观且普遍存在的，人们是不能够将供应链风险消灭的。但是，人们可以利用供应链风险分析进行分析并加以控制，如图 2-25 所示。

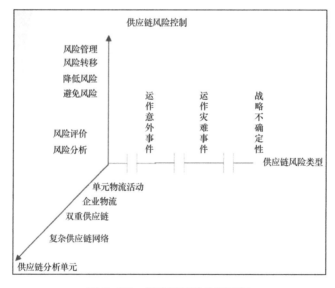

图 2-25　供应链风险分析框架

影响国际供应链的八大主要因素分别是政治法律因素、经济因素、文化因素、基础设施因素、人力资源因素、信息资源因素、供应商合作因素以及不确定性因素。企业对供应链的风险进行管理的意义主要体现在以下 3 个方面。

(1) 能够为供应链运作营造一个良好的环境。

(2) 提高供应链的绩效，并保障供应链的目标能够顺利完成。

(3) 有利于提高供应链的竞争力。

值得注意的是，供应链风险管理的框架主要包括了 4 个阶段，分别是供应链范围和构成要素描绘、供应链脆弱性和风险识别、供应链风险评价、供应链风险管理。其中，供应链风险管理的主要流程如图 2-26 所示。

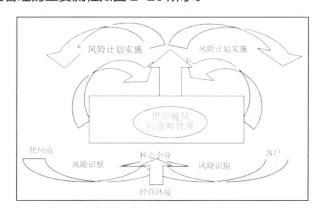

图 2-26　供应链风险管理的主要流程

此外，供应链风险管理主要有 7 个步骤，如图 2-27 所示。

图 2-27　供应链风险管理步骤

第 3 章

指标：

衡量核心因素

　　企业为了更好地发展以及提升供应链绩效，都会建立相关的指标体系。并且，指标体系的建立有利于评估业务状态。本章我们便来看一下供应链中的指标体系。

3.1　供应链管理的常用指标

从业务范围的角度来说，供应链的常用指标可以按管理层和实施层两个方面划分，管理层指标可分为财务指标和服务指标，主要包括毛利率、净利率、净利润、营收增长率和用户满意度，而实施层的指标主要包括采购指标、仓储指标、物流指标、制造指标和销售指标，具体内容如图3-1所示。

管理层		财务			服务	
	毛、净利率	净利润		营收增长率	用户满意度	

实施层	采购	仓储	物流	制造	销售
	库存周转率	库存准确率	配送及时率	一次通过率	期间成交金额
	库存周转天数	发货及时率	包裹破损率	生产节拍	客单价
	缺货率	发货准确率	包裹丢失率	人效	退货率
	采购提前期	出库时效	最大吞吐量		客户量
	拓品量	仓储空间利用率	物流成本		
		库内成本			

图 3-1　供应链的常用指标

值得注意的是，管理层指标是需要企业重点关注的一个指标，它能够直接反映出供应链的运行状态；而实施层则是在实际的业务层面，是在实际业务中需要关注的指标。另外，管理层指标是由实施层的多项指标综合而成的。这一节，我们便来看一下实施层的相关指标。

3.1.1　采购指标

采购指标主要包括库存周转率、周转天数、缺货率、采购提前期和拓品量，下面我们来看一下这几个采购指标。

1. 库存周转率、周转天数

库存周转率是采购指标中的一个重要指标，其主要指的是在一段时间内，仓库内货物周转的次数。一般来说，库存周转率越大，说明这款产品的销量越好。如果是在资金和产品保质期允许的情况下，企业可以在一定程度上增加库存的目标控制天数，以保证合理的库存。

什么是周转天数呢？其指的是产品从进入企业到最后运输出去中间所花费的平均天数。一般来说，周转天数越短越好。

库存周转率、库存周转次数以及库存周转天数都是可以计算出来的，其计算公式如图 3-2 所示。

$$库存周转率 = \frac{销售成本}{原材料 + 半成品 + 成品库存金额} \times 100\%$$

$$库存周转次数 = 库存周转率 \times 12 个月$$

$$库存周转天数 = \frac{365 天}{库存周转次数}$$

图 3-2　计算公式

值得注意的是，不同行业平均库存周转率的水平不同，如表 3-1 所示。从表中可以看出，日用品的上限值与下限值的差别很大，而出版及印刷品的上限值和下限值则很小。

表 3-1　不同行业平均库存周转率水平

行　业	上　限　值	中　值	下　限　值
电子计算机	9.4	5.3	3.2
电子及通信行业	9.8	5.7	3.7
家用电器	8.5	5	3.8
工业化学品	10.3	6.6	4.4
日用品	30.4	19.3	9.2
出版及印刷品	5.8	2.4	1.3

2．缺货率

顾名思义，缺货率指的是缺少货物的概率。缺货率与交易的机会成正比，当缺货率低的时候，损失的交易机会则越少。其公式分为两种，具体如下所述。

(1) 正常情况下：缺货率 = 缺货单量/总单量。

(2) 根据历史销量判断：缺货率 = 今日库存为 0 但平均有销售量的 SKU(Stock Keeping Unit，库存量单位)数/总 SKU 数。

3．采购提前期

采购提前期指的是在下达订单到物料入库的这段时间。其公式为：采购提前期 =

商品到货时间－下单时间。下单时间通常需要企业与供应商提前商议好。

另外，提前期还可以分为固定提前期、变动提前期和检验提前期 3 种类型。提前量又可以分为 3 个层次，具体内容如图 3-3 所示。

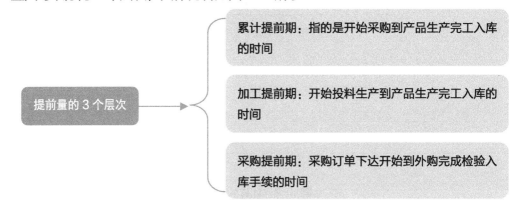

图 3-3　提前量的 3 个层次

而从签订销售订单到完成交货的时间则被称为总提前量。采购周期和采购提前期的区别具体如下。

(1) 变动因素。采购周期主要是按计划进行，因此并不存在变动因素，但是采购提前期是有变动因素的。

(2) 适用对象。采购提前期适用于具有灵活性的生产厂家，而采购周期适用于总部仓储。

采购周期和采购提前期是没有优劣之分的，各自有各自的优势。采购周期包括采购方决定订货并下订单、供应商确认、订单处理、生产计划、原料采购(有时)、质量检验、运输(有时为第三方物流)等环节。简单地说，就是规律性的两次采购间隔的天数。

4. 拓品量

拓品指的是企业在采购过程中，对新产品或是新产品种类的开拓。一些企业在考核时这个指标是非常重要的一部分，因为开拓新品能够提高企业的竞争力，如销售型企业。

其公式为：拓品量＝有效的新品数量。其中，有效的新品数量中的有效主要指的是同一商品价格更低或者通过试销期并实现目标销售量的新品。

值得注意的是，在采购的过程中，企业通常都想要以最佳的价格(拓品)，在需要的时候(采购提前期)，确保刚好满足销售量(周转)的商品进入供应链，同时需要确保货品的丰富度(拓品)。

3.1.2　仓储指标

仓储指标主要包括库存准确率、发货及时率、发货准确率、出库时效、仓储空间利用率、库内成本。下面，我们来看一下这六大仓储指标。

1. 库存准确率

在企业确认了仓库的实际库存之后，便会有一个指标，这个指标指的便是库存准确率。库存准确率是仓库管理中最关键也是最为核心的指标。

值得注意的是，库存准确率是仓库管理的最终管理指标，其反映着仓库管理的最终结果和最终业绩。并且，库存准确率越高，说明企业仓库管理的能力越大。库存准确率的标准计算方式有两种，如图 3-4 所示。

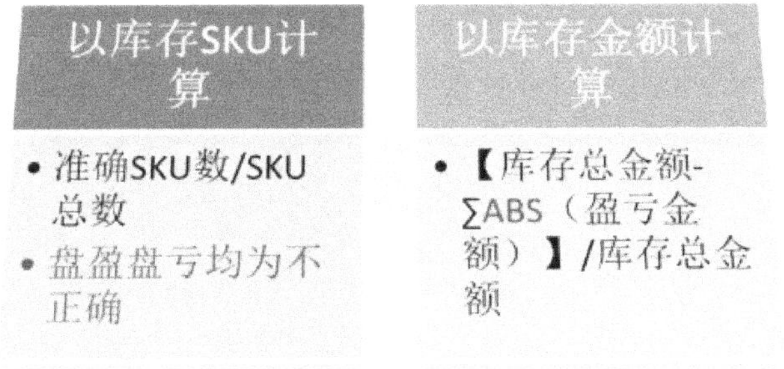

以库存SKU计算	以库存金额计算
• 准确SKU数/SKU 总数 • 盘盈盘亏均为不正确	• 【库存总金额-∑ABS（盈亏金额）】/库存总金额

图 3-4　库存准确率的两种标准计算方法

这两种计算方法都是标准的计算方法，并没有优劣之分，因此企业可以按照自己的实际情况进行选择。

2. 发货及时率

创建订单时，商家和客户都会确定一个发货的时间，在这个时间内发货便是及时的。其公式为：发货及时率=发货及时量/总发货量。很多客户都对发货及时率很关注，如果不能及时发货的话，客户可能会取消这次订单。

3. 发货准确率

商家在进行发货时可能会因为时间匆忙、发货量较多而出现发货错误的问题。一般来说，准确率体现了仓库作业的有效性。其公式为：发货准确率=(总订单量-发货错误订单量)/总订单量。

4. 出库时效

什么是出库时效呢？其主要含义为订单在仓库中所需要的时间。时间越短，则代表该仓库的作业效率越高。出库时效的计算公式为：出库时效＝(出库时间−订单接受时间)/总订单量。

5. 仓储空间利用率

仓储空间利用率主要指的是仓库整体空间的利用效率，该指标主要关注的是仓库内整体空间的利用，包括立体货架、地推面积等。仓储空间利用率的计算公式为：空间利用率＝存储的货品体积/可利用空间体积。

6. 库内成本

库内成本这一概念是针对发货的订单来说的，其主要指的是在库内存储、周转、发货过程中分摊到每一件商品上的成本。

其公式为：库内成本＝总仓储成本/存储量＋总人工成本/出库操作量＋总包材成本/出库量。另外，仓储成本还包含多种费用，如图 3-5 所示。

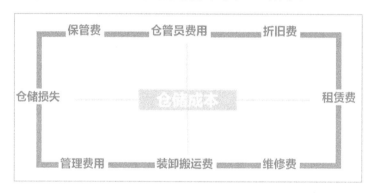

图 3-5　仓储成本费用构成

3.1.3　物流指标

在物流方面，主要有 5 大指标，分别是配送及时率、包裹破损率、包裹丢失率、最大吞吐量和物流成本，具体内容如下所述。

1. 配送及时率

配送及时率，顾名思义，指的是配送方按照约定好的时间要求将产品送到客户手中的概率，其与总发货量和配送及时量有关。计算公式为：配送及时率＝配送及时量/总发货量。

2. 包裹破损率

包裹在运输的过程中，难免会因为一些客观原因造成破损。包裹破损率指的是包裹在运输时破损的概率，其与破损的包裹数量和总承运的包裹量有关，计算公式为：

包裹破损率＝破损包裹量/总承运包裹量。

3.　包裹丢失率

在运输的过程中，可能会出现包裹丢失的情况，而包裹丢失率指的便是在物流过程中包裹丢失的概率。其主要是与丢失的包裹量和总承运包裹量有关。计算公式为：包裹丢失率＝丢失包裹量/总承运包裹量。

4.　最大吞吐量

最大吞吐量指的是在特殊情况下，相关网点在指定时间内能够周转的包裹量。值得注意的是，最大吞吐量也即单向的指定时间内最大出入库量。

5.　物流成本

物流成本指的是在物流的过程中所花费的成本，即物流公司在收到货物到送至客户手中这段时间内分摊到每个包裹中的费用。物流成本与总运输成本、总运输包裹量、总人工费用和处理的包裹量有关，其公式为：物流成本＝总运输成本/总运输包裹量＋总人工费用/处理的包裹量。

总运输成本包括车辆折旧、油费、过路费等，而总人工费用包括揽收、配送、司机等多环节的人工费用。日本一位专家曾提出过物流成本冰山理论，该理论指出，目前能够计算出来的成本非常少，不确定的成本所占的比例却非常大，其结构如图 3-6 所示。

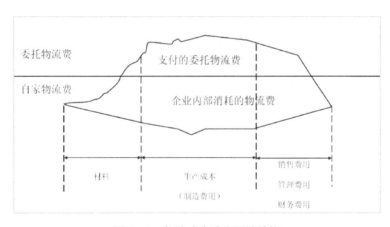

图3-6　物流成本冰山理论结构

3.1.4　制造指标

制造指标主要包括一次通过率、生产节拍、人效这 3 个方面，下面我们便来了解一下这 3 个指标。

1. 一次通过率

一般来说，企业为了保障产品的质量，会通过各种方式对产品进行合格性测试，如抽调法。而一次通过率指的是在合格性测试时，第一次便能够通过检测的概率。一次通过率的公式为：一次通过率＝首次测试通过的数量/总测试量。

一次通过率的对象有两个，一个是单一测试点，一个是产品。有的产品不仅仅是一个测试站，当产品有着多个测试站的时候，产品的一次通过率指的便是多站的通过率之积。

2. 生产节拍

生产节拍指的是厂家产出同一件产品的时间间隔，也可以说是客户获得一个产品所需要的市场必要时间。当然，这里所说的产品必须是合格的产品。其公式为：生产节拍＝单位时间/单位时间内产出数量。

也就是说，当生产节拍的时间越短时，生产的效率也就越高，企业也可以设置更低的安全库存。图3-7所示为生产节拍时间的相关例子。

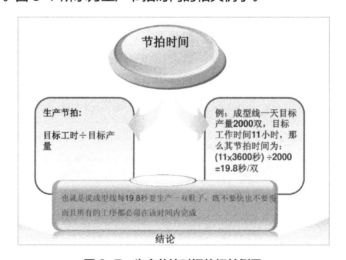

图3-7　生产节拍时间的相关例子

3. 人效

人效指的是人工效率，具体来说，就是员工实际生产与理论产出的比率。其公式为：人效＝实际产出的商品/理论产出。理论产出的公式为：理论产出＝投入工时/单件商品工时。

值得注意的是，人都有疲惫的时候，因此生产效率不可能是100%。另外，在生产时，企业最为关心的便是效率和质量的问题。而影响效率和质量的主要因素有人、设备、SOP(Standard Operation Procedure，标准作业程序)等，因此要想提高人效指标，可以从这些影响因素出发来考虑。图 3-8 所示为 SOP 的重要作用。

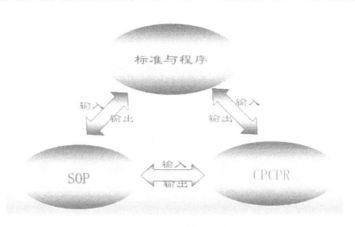

图 3-8　SOP 的重要作用

专家提醒

　　CPCPR 的英文全称是 Critical Process Control Point Review，翻译成中文即关键控制点回顾。

3.1.5　销售指标

销售指标主要包括期间成交金额、客单价、退货率和客户量等，下面我们便来了解一下销售指标的基本内容。

1. 期间成交金额

期间成交金额包括月成交金额、年成交金额等，其公式为：期间成交金额＝考核期间用户下单的实际付费金额−退货金额。

2. 客单价

在电商中，客单价是一个比较常见的词，其也出现在供应链之中，指的是一位客户平均购买的成交金额，其公式为：客单价＝总成交金额/成交单数。

3. 退货率

每件商品或多或少都会因为一些原因被客户退货，了解退货原因，明确退货率，才能更好地知道客户的需求。其计算公式为：退货率＝退货单量/总成交单量。随着电商的不断发展，退货也越来越方便了，因此企业要明确客户的需求，并采取一定的措施来提高签收率，以减少商品的退货率。图 3-9 所示为提高签收率的有效方法。

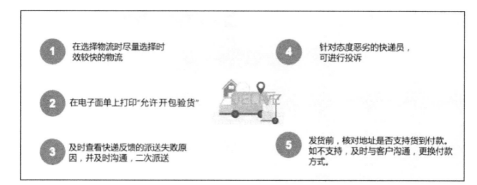

图 3-9　提高签收率的有效方法

4. 客户量

客户量可以理解为当前活跃的交易用户量，这个数据越大，获利的机会也就越多，而且对供应商也会有更高的议价权。

3.2　指标体系：提高供应链效率

目前，供应商管理指标体系包括 7 个方面，即质量(Quality)、成本(Cost)、交货(Delivery)、服务(Service)、技术(Technology)、资产(Asset)、员工与流程(People and Process)，合称 QCDSTAP。

值得注意的是，在这个指标体系中，前 3 个指标属于硬性指标，因为其能够全行业通用，而且统计也比较简单；后 3 个指标则是软性指标，难以量化。本节，我们便来了解一下供应商管理指标体系。

3.2.1　质量指标

在指标体系中，质量指标最常用的是百万次品率。百万次品率的优点是简单易行，只要是质量出现了问题，便可以算作是一个次品。值得注意的是，在不同的行业中，产品质量的标准是不一样的，像在一些采购品种较多，但在采购的需求量比较少的行业中，如果产品的百万次品率能够达到 3000 的话，那么其指标便是非常好，甚至可以说是世界水平了；但是在零缺陷标准的行业中，这样的数据是不合格的。另外，质量指标还包括了首次通过率、质量问题重发率等。

3.2.2　成本指标

为了降低供应商的数量，形成规模效益，有的企业花费了 80% 的费用在统计供应商数量上。但是，在成本指标方面，具体的指标是很难去界定的，因为其存在着很多的不确定性。

3.2.3　按时交货率

在指标体系中，按时交货率和质量指标、成本指标的重要性是一样的，这三者应该综合起来进行考虑。而且，这些指标一定要明确由哪些部门负责，不然很容易出现扯皮的现象。

3.2.4　服务指标

服务是没有办法进行统计的，而且行业不同，服务的侧重点也不同，但是服务的对象都与人有关，因此可以从客户的满意度方面来计算服务指标。另外，人们也许在价格上看不出服务情况，但是在价值上却是很明显的。

例如，一个供应商能够提出合理化的建议、积极配合质量检查等，其价值也就比被动的供应商大，服务指标也就更高。

3.2.5　技术指标

不同的行业对技术的要求不同，一些行业对技术的要求是非常高的，如果供应商有着独特的技术支持，那么这个供应商的价值便得到了提高。

值得注意的是，一般公司都会设置一个供应管理部门，以便更好地管理供应商，其任务之一便是协助相关设计部门来制定技术发展蓝图，并寻找合适的供应商，而这一任务也关系着企业未来的发展。

但是，有很多企业的供应管理部门往往都无意于公司的技术开发，在选择供应商时也不会花费太多的精力，这会使企业在发展时遇上重重阻力，从而影响企业的长期有效发展。

3.2.6　资产管理

最能够体现供应商的总体管理水平的，那便是资产管理。而资产管理又包括固定资产、流动资产等。另外，供应管理直接影响着企业的资产管理，如现金流、库存周转率等。图 3-10 所示为现金流及其分类。

资产管理常常被供应商忽视，但是如果资产管理不善的话，便会增加成本，最终得不偿失，因此供应商必须做好资产管理。

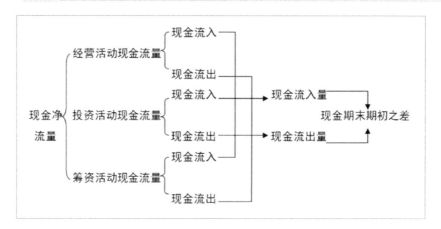

图 3-10　现金流及其分类

3.2.7　员工与流程

员工和流程也是不可忽视的重要指标。员工的素质与整个部门的绩效是息息相关的。为了提高员工的素质以及专业能力，企业一般都会对员工进行培训等，因此企业便可以此作为指标进行考核。

流程决定绩效。流程的好坏往往影响着供应链中的绩效，制定一个完善的流程能够促进供应链的发展，而对流程设定指标便可以很好地帮助供应商制定一个完善的流程。

第4章

库存：

保证安全供给

　　供应链管理的目标是在快速有效地满足客户需求的基础上实现低成本运营，而横亘在企业面前的是库存问题，众多企业的库存成本费用居高不下，库存管理技术落后，是导致供应链竞争力不足的主要原因。

4.1　初步了解：搭建管理知识框架

库存是指暂时处于闲置状态的资源。企业设置库存的目的通常是为了防止计划外的资源短缺，以及保持生产过程的连续性、分摊订货费用和快速满足用户需求。举个简单的例子，企业通过将一定数量的产品作为库存，能够满足客户在不同时间需要货物的需求。

4.1.1　供应链库存的分类

一般来说，企业按照生产计划投入生产，为了保持生产过程的连续性，会在采购阶段预留一部分原材料、零件的库存。投入生产之后，在产品的制作过程中，不论产品是在进行制作的状态，还是生产停滞的状态，都构成制品库存。产品制作完成进入销售市场后，为了能够及时满足客户的需求，避免发生缺货或者延迟交货的情况，需要预留一定的成品库存。

原材料库存、制品库存和成品库存是生产过程中的 3 类库存。另外，从企业经营的角度，还可以将库存分为以下几种类型，如图 4-1 所示。

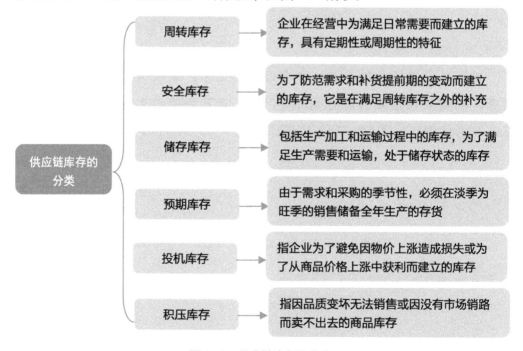

周转库存　企业在经营中为满足日常需要而建立的库存，具有定期性或周期性的特征

安全库存　为了防范需求和补货提前期的变动而建立的库存，它是在满足周转库存之外的补充

储存库存　包括生产加工和运输过程中的库存，为了满足生产需要和运输，处于储存状态的库存

预期库存　由于需求和采购的季节性，必须在淡季为旺季的销售储备全年生产的存货

投机库存　指企业为了避免因物价上涨造成损失或为了从商品价格上涨中获利而建立的库存

积压库存　指因品质变坏无法销售或因没有市场销路而卖不出去的商品库存

图 4-1　供应链库存的分类

不同类型的供应链库存具有不同的特征，企业可以根据供应链库存的类型来准确把握供应链的运营状态。与此同时，企业也需要建立一个完整的库存系统，包括不同类型的供应链库存，最大程度地减少供货不足而产生的损失。

下面，我们针对周转库存和安全库存作重点介绍。

1. 周转库存

周转库存指的是为了保证产品能够正常供应、完成商品的流转计划，然后根据商品销售任务、商品流通环节和速度应保持一定数量的周转需要的商品库存。图 4-2 所示为周转库存的理想模型。

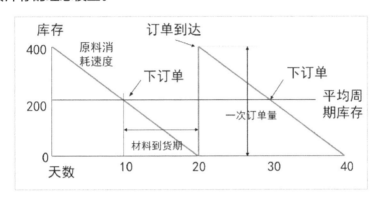

图4-2　周转库存的理想模型

值得注意的是，周转库存量与流动资金占用额有关，周转库存量的多少关系着流动资金占用额的多少。因此，企业应该在有利于扩大销量并加强管理的前提下，简化中间的业务手续，健全经济责任制，将周转库存量降到最低，进而有效地节约流动资金的使用。

2. 安全库存

安全库存也可以称之为保险库存，主要是为了防范不确定因素，如订货期间需求增长、到货延期等，而导致的更高的预期需求或完成周期更长的缓冲存货。如图 4-3 所示。

图 4-4 所示为基于可变需求和补货时间的安全库存，这是在考虑了可变需求和补货时间不确定性的情况下安全库存的情况，而这种是最差的一种情况。

由于企业的可变需求和补货时间具有不确定性特点，因此需要设置安全库存，避免出现缺料导致停产的情况。设置安全库存的基本原则为：不断料(在生产或销售过程中不缺料)、不囤料(不在现场囤积大量物料)、不呆料(没有呆滞的物料)。

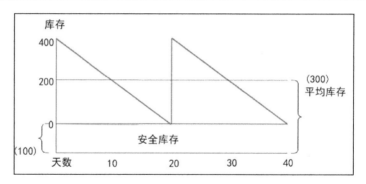

图 4-3　安全库存的分类

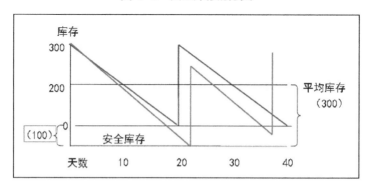

图 4-4　基于可变需求和补货时间的安全库存

下面，我们来看一下安全库存的相关内容。

1）设立安全库存的利弊

企业通过设立安全库存能够使企业有效地应对客户的需求、缓解生产压力以及有效地管理企业物资。但是，企业设立安全库存会增加一定的成本以及耗费货物存放的空间等。

2）安全库存问题的应对措施

针对企业设立安全库存所出现的问题，目前主要有 7 条应对措施，分别是实施柔性化组织管理、建立联盟与合作、协调供应链、提高信息沟通效率、建立有渠道竞争优势厂商、外包非核心业务使企业获得成本效率、加强存贷管理等。

4.1.2　供应链库存的功能

库存在供应链的流通过程中发挥了必不可少的作用，创造了产品的时间效益。库存通过给客户增加产品的可供应时间来提高产品的价值，简单来说就是通过使用库存对产品进行存储，企业可以随时随地满足客户的需求。尤其是当企业把提高客户服务作为替客户增值的竞争性工具时，库存就更能发挥至关重要的作用。

具体来说，供应链库存的功能主要体现在以下几个方面，如图 4-5 所示。

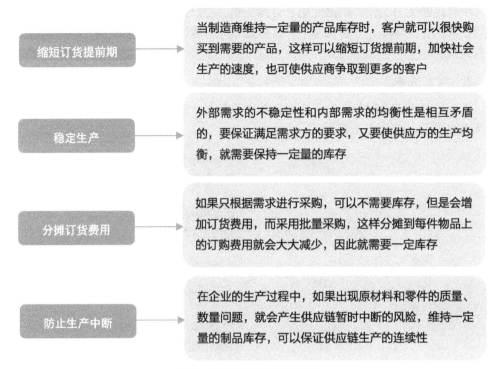

缩短订货提前期　→　当制造商维持一定量的产品库存时，客户就可以很快购买到需要的产品，这样可以缩短订货提前期，加快社会生产的速度，也可使供应商争取到更多的客户

稳定生产　→　外部需求的不稳定性和内部需求的均衡性是相互矛盾的，要保证满足需求方的要求，又要使供应方的生产均衡，就需要保持一定量的库存

分摊订货费用　→　如果只根据需求进行采购，可以不需要库存，但是会增加订货费用，而采用批量采购，这样分摊到每件物品上的订购费用就会大大减少，因此就需要一定库存

防止生产中断　→　在企业的生产过程中，如果出现原材料和零件的质量、数量问题，就会产生供应链暂时中断的风险，维持一定量的制品库存，可以保证供应链生产的连续性

图 4-5　供应链库存的功能

在供应链中，库存不仅是某个企业单独的库存，更是整个供应链上系统意义上的库存。库存不仅可以作为维持生产和销售的措施，还可以作为一种供应链的平衡机制，通过简化供应链和经济控制等方法消除供应链上的薄弱环节来寻求总体平衡，库存的功能将是战略层次上的。

也就是说，供应链库存的基本功能是使供应链的各个环节紧密相连，减少需求预测和实际需求的差异，防止供应链中的各种不确定性所带来的供应链效率的降低。

4.1.3　供应链库存的成本

库存以原材料、在制品、半成品、成品的形式存在于供应链的各个环节中，库存成本主要包括订购成本、持有成本、缺货成本 3 类。

1. 订购成本

订购成本是补货时采购商品的相关成本，它包括两个种类，一种是由于发出采购订单，向供应商购买原材料而发生的成本；另一种是由于向工厂发出产品订单而产生的成本。采购原材料时，首先必须填写物料申请单和采购订单，然后付款给供应商并开具发票，最后检查收购的货物并送交仓库或者加工地。

所有这些文书工作、机器使用、订购货物、生产报废等一系列费用，加起来就是该批货物的订购成本。一般情况下，订购成本与订购次数有直接关系，与订购数量则没有关系。

2. 持有成本

库存持有成本是指公司由于所持有的库存量而产生的一切成本，一般是由以下因素产生的费用，如图4-6所示。

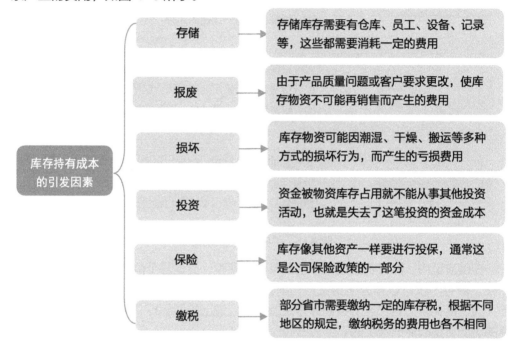

图4-6　库存持有成本的引发因素

企业在衡量计算库存持有成本时，常常会陷入一种误区，即将库存的储存成本作为库存持有成本的主要项目对待，而忽略了实际成本比率更高的资金成本。对大多数企业来说，资金成本一般占存货价值的 15%～25%，具体取决于该企业的存货数量。

3. 缺货成本

当客户下达订单，而所订货物无法由平常所指定的仓库供货时，就会产生缺货成本，包括失销成本和保留订单成本两种，如图4-7所示。

以上3种成本之间互相冲突或存在悖反关系。要确定订购量，补足某种产品的库存量就需要对其相关成本进行衡量，这3种成本的关系如图4-8所示。

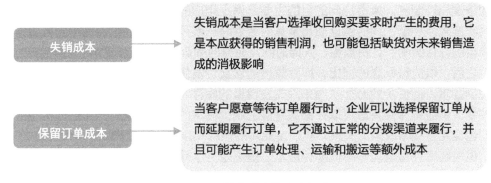

图 4-7 缺货成本的主要组成

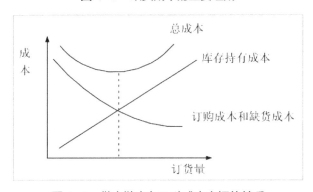

图 4-8 供应链库存 3 种成本之间的关系

4.2 深入研究: 解析库存管理策略

供应链成本主要包括信息成本、财务成本、计划成本、运行成本、库存成本等。其中, 库存成本是供应链成本中最重要的组成部分, 一般占总成本的 30%以上。此外, 供应链成本在企业的经营成本中占有非常高的比重, 因此企业可以通过有效的库存管理来降低供应链成本, 从而降低企业的经营成本。

4.2.1 库存管理的概念及原理

库存管理的概念在很久以前就被提出, 但在供应链环境下的库存管理却并不为企业所熟悉。接下来, 笔者通过对比传统库存管理和供应链库存管理在概念、功能和方法 3 方面的异同, 帮助大家更加清晰深刻地理解库存管理的概念及原理。

1. 传统库存管理概念与供应链库存管理概念的比较

在供应链这个概念还没有提出之前, 人们是以自身的利益和准则来单独实施对库存的管理和控制的。库存控制的目的主要是满足用户的需求并降低成本，从而对库存物料实施数量控制、同时保证质量及其时效性等一系列工作。库存管理中需要确定库存物料的订货时间、订货数量、入库时间及储存时间等。

之后，供应链概念的提出，库存管理的含义也发生了变化。以供应链为基础的库存控制要求，促使企业必须从原来只关注自身的库存管理转向为关注整个供应链的库存控制。供应链库存管理可以在最大程度上减少需求的放大现象，并且供应链中的各企业也会建立战略联盟的关系，实现企业间的信息共享和协同工作。

供应链库存管理能够降低库存成本、提高服务水平，进而实现供应链上各个企业的共赢。

值得注意的是，在原来的库存管理中，库存仅仅是资源的闲置或者是暂时性的储备，但是在供应链环境下，库存已经是企业之间或部门之间没有实现无缝连接的结果。因此，可以说对库存进行管理和控制实质上是管理业务过程中的工作流。

2. 传统库存管理功能与供应链库存管理功能的比较

传统库存管理的主要功能是在供应和需求之间进行时间上的调整。此外，如果生产的产品产出多少就销售多少，不进行库存管理，价格必然暴跌，为了防止这种情况的发生，因此需要把产品保管在仓库里。可见库存管理在提高时间功效的同时还有调整价格的功能。因此，可以看出传统的库存管理具有以调整供需为目的的调整时间和调整价格的双重功能。

在供应链环境下，库存管理在整个供应链中的功能又有了新的表现。从供应链整体来看，传统交易习惯导致的不必要库存给企业增加了成本，而这些成本最终会将反映在销售给客户的产品价格上，从而降低顾客的满意度。因而在供应链范围内进行库存管理不仅可以降低库存水平，从而减少资金积压和库存维持成本，而且还可以提高客户的满意度。

3. 传统库存管理方法与供应链库存管理方法的比较

传统的库存控制方法，是基于满足用户需求和降低成本的目标而建立的。因此，其核心就是根据库存物资的需求特点，在实现一定的客户服务水平的前提下，使年总库存成本费用为最小，主要是解决两方面的问题，即订货量和订货时间。

根据各项存货成本费用之间互相联系和互相制约的关系，以总库存成本最小化为目标函数，早期的学者研发了一套较成熟的库存控制理论和方法，如最经典的经济订货批量模型(EOQ，Economic Order Quantity)，就是最常见的连续性检查模型中不允许缺货、瞬时到货模型，但是所有这些传统的库存控制方法都是基于一个不变的假设，即需求可能是不变的或者是随机变化的。但实际上，需求变化的规律是可以完全被我们掌握的。

值得注意的是，在供应链中，库存指的是一种组织行为，其主要是因为企业或部门之间没有做好对接，而库存控制则指的是对企业业务过程的工作流管理。因此，供应链下的库存控制方法主要是针对企业的业务流程进行库存设计，通过实现供应链上物流、信息流、资金流的畅通，以及不确定性因素的最小化，来寻求供应链企业之间实现无缝连接的库存策略。

在一条典型的供应链中，其主要的目标在于降低整个系统的成本，以及提高系统的响应速度，因此库存控制的重点在于考虑各机构之间的相互作用，以及这种相互作用对各机构库存策略的影响。在供应链库存管理中，组织障碍是库存成本增加的一种重要因素。不管是企业内部还是企业之间，相互协调是实现供应链无缝连接的关键。

在其他方面，库存控制可能指的是一种运作问题，但是在供应链中，其指的是一种战略问题。如果想要实现供应链管理的高效运行，那么就一定要增加企业之间的协作，建立一个有效的合作机制，并不断完善相关流程。

供应链管理在不断地发展，人们也在寻找新的方法来降低供应链的总成本以及提高客户服务的水平。基于此，库存管理也要求尽可能从供应链总成本最小化以及服务水平的最大化出发制定策略，于是出现了一些以此为目标的库存管理策略。

4.2.2　库存管理的策略及分析

库存管理在现代企业的生产管理和经营管理中占据着重要地位，随着时代和科技的进步，库存管理正在往智能化的方向逐步发展，对于库存管理策略的研究也渐趋完善，其发展历程大致可以分为独立需求库存管理策略、物料需求计划和制造资源计划、准时生产制管理 3 个阶段。

随着供应链管理的发展，企业开始寻求以最低的目标供应链成本，获取最高的客户满意度。而这种目标也体现在库存管理上，所以出现了一些以库存—运输联合优化或者库存—服务联合水平优化为目标的库存策略。但是，这些策略都是基于可以完全掌握需求规律的假设，而在实际运行过程中，供应链存在需求放大现象，需求规律很难被人们完全掌握。

随着经济全球化的发展，供应链的竞争也日益激烈，如何快速高效地满足客户多样性的需求，同时降低企业的成本，成为大多数企业必须解决的问题。这也意味着必须提出更加先进的供应链库存管理策略，以实现企业的发展目标。

供应链中的库存管理包括多种管理策略，如按照其主体以及内涵的不同，可以分为 VMI(Vendor Managed Inventory，供应商管理库存)、JMI(Jointly Managed Inventory，联合库存管理)和 CPFR(Collaborative Planning Forecasting and Replenishment，协同式库存管理)3 种库存管理策略。

1. VMI

在 VMI 管理系统中，管理库存的是供货方，而供应商是负责库存的管理。在该系统中，体现了供应链集成化管理思想，有助于打破传统企业各自管理自身库存的管理模式，使整个供应链联系得更加紧密。

在供应链管理系统中，库存管理并不是一个独立的流程，还涉及到采购管理和财务稽核等功能，更重要的是企业应将 VMI 视为内部资源与资金库存的集成应用。为了避免在 VMI 运作过程中出现入库单和发料单的压单现象，使 VMI 更加开放，可以采取如图 4-9 所示的模型。

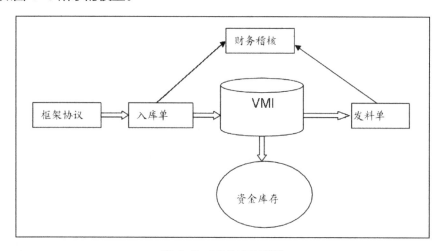

图 4-9　VMI 应用模型

值得注意的是，实施 VMI 有几种形式，具体内容如下。

1) "制造商-零售商" VMI 模式

这种模式是由 VMI 仓库连接制造商和各家零售商，而制造商企业主要是由 VMI 主导。另外，这种模式主要出现在制造商位于整个供应链上游的情况下，具体结构如图 4-10 所示。

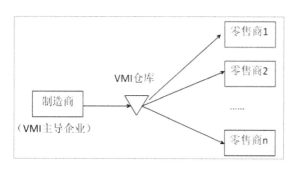

图 4-10　"制造商-零售商" VMI 模式的具体结构

2)　"供应商-制造商"VMI 模式

该模式主要是供应商按照 VMI 的方式来向制造商提供相应的原材料，该模式的具体结构如图 4-11 所示。

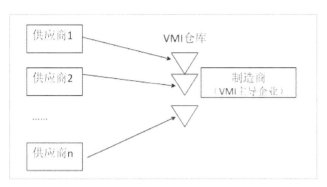

图 4-11　"供应商-制造商"VMI 模式的具体结构

3)　"供应商-3PL-制造商"VMI 模式

这种模式中引进了第三方物流(3PL，Third-Party Logistics)，由 3PL 统一管理并派送相关零部件。图 4-12 所示为基于 3PL 的 VMI 实施模式。

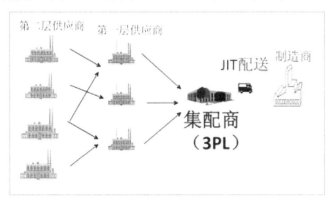

图 4-12　基于 3PL 的 VMI 实施模式

图 4-13 所示为基于 3PL 的 VMI 信息流和物流传递示意图。从图中可以看出基于 3PL 的 VMI 信息流和物流传递可分为 9 大步骤。

在"供应商-3PL-制造商"VMI 模式中，由于 3PL 的加入，促进了供应商、3PL 和制造商三者之间的信息整合交流。此外，在该模式中，3PL 还可以代替制作商向供应商下达采购订单。

执行 VMI 管理策略，首先要做的是改变订单处理的模式，进而建立一个在标准基础上的托付订单处理模式。销售信息和库存信息共享是实施 VMI 的关键，供应商能够随时监控销售商的库存状态，对企业的生产和供应作出调整，进而快速地响应市场需求变化，因此建立供应商和客户库存信息共享系统是十分必要的。综合来说，VMI 管理策略实施可以从以下几个方面入手，如图 4-14 所示。

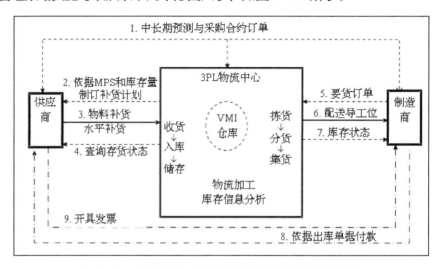

图 4-13　基于 3PL 的 VMI 信息流和物流传递示意图

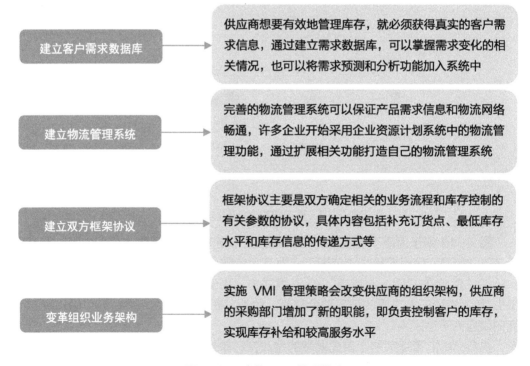

建立客户需求数据库	供应商想要有效地管理库存，就必须获得真实的客户需求信息，通过建立需求数据库，可以掌握需求变化的相关情况，也可以将需求预测和分析功能加入系统中
建立物流管理系统	完善的物流管理系统可以保证产品需求信息和物流网络畅通，许多企业开始采用企业资源计划系统中的物流管理功能，通过扩展相关功能打造自己的物流管理系统
建立双方框架协议	框架协议主要是双方确定相关的业务流程和库存控制的有关参数的协议，具体内容包括补充订货点、最低库存水平和库存信息的传递方式等
变革组织业务架构	实施 VMI 管理策略会改变供应商的组织架构，供应商的采购部门增加了新的职能，即负责控制客户的库存，实现库存补给和较高服务水平

图 4-14　实施 VMI 管理策略

当然，VMI 管理策略不可避免地会存在不足之处，具体表现在以下 3 个方面。

(1) VMI 实质上是将风险转移给了供应商，由供应商承担全部风险。

(2) VMI 管理要求较为复杂，全体员工必须接受并理解。

(3) VMI 伙伴过多，存在泄密的风险，不利于企业的经营发展。

2. JMI

JMI 管理策略与 VMI 不同，它是一种风险共担的库存管理模式，更多地体现了供应链节点企业之间的协作关系，提高了供应链同步化的程度。它强调双方同时参与，共同制订库存计划，从而消除了需求变异放大的现象。库存管理不再是各自为政的独立运作过程，而是供需双方的连接纽带和协调中心。

与传统的库存管理模式相比，JMI 管理拥有以下几个优势。

(1) JMI 管理为保证供应链的同步运作提供了条件。

(2) 减少需求扭曲现象，降低库存的不确定性，提高了供应链的稳定性。

(3) 为实现零库存管理、准时采购及精细供应链管理创造了条件。

(4) 体现了供应链管理的资源共享和风险共担的原则。

在分销中心的功能得到启发后，JMI 改善了供应链库存管理模式，如图 4-15 所示。

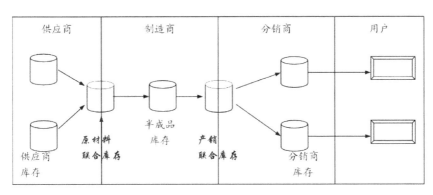

图 4-15　JMI 应用模型

JMI 管理策略的实施主要是构建供需双方的协调机制，明确双方各自的责任，建立合作沟通的渠道。企业可以选择从以下几个方面入手，如图 4-16 所示。

JMI 管理也同样存在一些不足之处，具体表现在以下两个方面。

(1) 实施 JMI 管理需要监督机制配合、有严格的框架协议和定期的绩效考核，流程相对来说较为复杂。

(2) 实施 JMI 管理成本较高，并且需要供应链各成员企业拥有较高的信任度和信息透明度，实施难度较大。

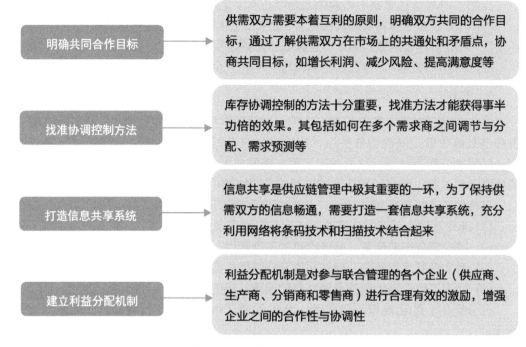

明确共同合作目标	供需双方需要本着互利的原则，明确双方共同的合作目标，通过了解供需双方在市场上的共通处和矛盾点，协商共同目标，如增长利润、减少风险、提高满意度等
找准协调控制方法	库存协调控制的方法十分重要，找准方法才能获得事半功倍的效果。其包括如何在多个需求商之间调节与分配、需求预测等
打造信息共享系统	信息共享是供应链管理中极其重要的一环，为了保持供需双方的信息畅通，需要打造一套信息共享系统，充分利用网络将条码技术和扫描技术结合起来
建立利益分配机制	利益分配机制是对参与联合管理的各个企业（供应商、生产商、分销商和零售商）进行合理有效的激励，增强企业之间的合作性与协调性

图 4-16　实施 JMI 管理策略

3. CPFR

CPFR 管理指的是在一系列管理和技术模型的基础上，提供覆盖整个供应链的合作过程，然后通过共同管理业务过程和共享信息的方式，来完善零售商与供应商的伙伴关系，提高预测的准确性，从而达到提高供应链效率、减少产品库存和提高客户满意度的目的。图 4-17 所示为基于供应链中 CPFR 策略的体系结构图。

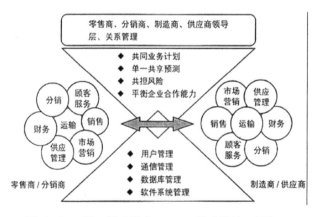

图 4-17　基于供应链中 CPFR 策略的体系结构图

CPFR 建立在 VMI 和 JMI 的基础之上，同时消除了二者的主要缺陷。针对供应链伙伴的战略和投资能力不同、市场信息来源不同等特点，通过确认供应链伙伴从事关键业务的能力，决定哪家企业支持核心业务活动，供应链伙伴也可以选用多种方案来实现其业务过程。

此外，CPFR 能够实现价值链的集成，并且 CPFR 能够在单一共享需求计划的基础上，发现并利用许多商业机会、优化供应链库存、改善客户服务，最终为供应链伙伴带来丰厚收益。想要实施 CPFR，首先需要遵循以下 3 条指导原则。

(1) 供应链伙伴和框架结构以客户为中心。

(2) 供应链伙伴共同参与开发客户需求预测系统，从而驱动供应链整体计划的实施。

(3) 供应链伙伴必须共享预测，并且在供应过程中共同承担风险。

与 VMI 和 JMI 相比，CPFR 的实施具有以下两个方面的优势。

(1) CPFR 管理能够推动企业之间的全功能合作，通过交换数据和预测共享，有效提升预测准确度，降低库存成本。

(2) CPFR 管理可以帮助企业共同发掘商业机会，提高对客户的服务能力，并降低管理成本。更重要的是还可以挖掘新的客户，增加盈利渠道，充分发挥供应链的作用。

总之，CPFR 可为供需双方带来许多收益，如表 4-1 所示。

表 4-1　CPFR 为供需双方带来的收益

受益者	应用 CPFR 带来的好处	前面好处降低、减少的百分比
供应商	库存降低	5%～30%
	减少无效运输费用	5%～10%
	较少仓储费用	5%～10%
	交货周期缩短	20%～50%
	提高客户满意度	10%
需求客户	库存降低	5%～10%
	增加销售	8%～10%
	减少服务费用	3%～4%
	交易成本降低	5%～8%

尽管 CPFR 是一种理想的供应链库存管理模式，但是现在只有少数企业能够实现，其原因在于以下两个方面。

(1) CPFR 的核心是客户需求预测，而不是以客户的动态需求为中心，因此合作的范围不够全面。

(2) 需求预测是一种风险行为，在很多时候存在较大的偏差，这种扭曲信息驱动的供应链有时候效率会极其低下。

4.2.3 库存管理的现状及影响

虽然库存管理发展到现在，已经渐趋完善，但是传统的库存管理策略注重单个企业的管理，很难适应多家企业协作的管理要求。现阶段，在很多企业的供应链库存管理实践中，还存在以下几种缺陷。

1. 缺乏信息共享机制

组成供应链的成员企业在某种意义上是相互竞争的关系，因此相互之间很难交换信息，更不可能实现整个供应链的信息共享，也就必然会导致供应链库存存在堆积的问题。并且，由于信息不透明，企业很难把握客户的实时需求，往往依靠需求预测来安排生产，但是预测与实际存在差距，有时候会出现很大差距，因此很容易产生库存不足或过剩的现象。

因此，从供应链整体的角度来看，缺乏信息共享机制导致的不必要库存，会增加企业的管理成本，而这些成本通过各个成员企业的传递，最终会反映在产品销售的价格上，会降低客户的满意度，如图 4-18 所示。

2. 缺乏整体系统观念

为了保证企业的生产和销售过程中不缺料持有一定的库存是十分有必要的。但是，位于供应链上的各企业都持有各自独立的库存，反而会加大供应链整体的成本，并且企业之间如果对接不流畅，就会导致供应链效率下降。从供应链整体的角度来看，各企业之间是缺乏整体系统观念的。

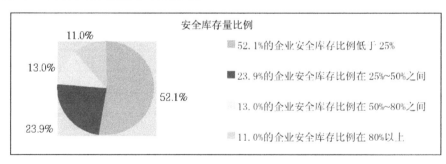

图 4-18 安全库存量占总生产量的比例

3. 库存控制策略简单

由于大部分企业并没有针对所有的库存产品使用库存控制策略，而且也没有按照库存产品的性质、特点来分类，因此制定的库存控制策略就不能反映供应与需求中的不确定性。

比如，空调具有非常强的季节销售性，空调的库存应该遵循季节变化规律进行管理，在夏冬季持有较多的销售库存，在春秋季保持较小或不持有库存状态。企业不能一概而论，在整个年度中持有相当数量的库存，不仅会加大企业的管理成本，也会造成不必要的损耗支出，进而导致亏损。

4. 缺乏合作与协调性

供应链中组织的协调涉及多个企业的利益，一旦缺乏合作与协调性，就会导致交货期拉长和服务水平下降，同时也会增加不必要的库存。这些企业之间的障碍会使库存管理变得更为困难，并且不同的企业拥有不同的业绩目标和发展理念，这就进一步加大了库存集中管理的阻力。

供应链管理强调企业间的合作，建立长期的战略合作伙伴关系，而不再是以往单方面的追求、单方面效益最大化的交易竞争关系。企业与供应商合作时间的长短，在一定程度上可以反映供应链结构的稳定性，以及供需双方合作的紧密程度，良好的供应链结构应该建立较稳定的供需合作关系。

图 4-19 所示为企业与供应商合作时间统计图，从中可以看出，当前仅有 51% 的企业与供应商保持 3 年以上的合作关系。因此，企业在建立长期的战略合作伙伴关系方面，还有很长的路要走。

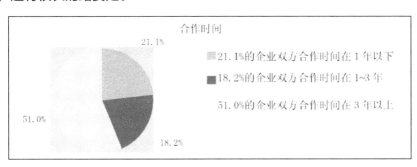

图 4-19 企业与供应商合作时间统计图

5. 服务客户水平不高

供应链的管理目标有两个，一个是降低供应链整体成本，另一个是提高客户服务水平，后者在当下日趋激烈的竞争环境中越来越重要。图 4-20 所示为供应商准时供货程度统计，从图中可以看出，约 15% 的企业认为供应商供货不准时，这也说明客户服务水平还有待提高。

而造成库存管理现状的影响因素则来自多个方面，根据供应链不确定性的来源划分，有以下 3 个方面的因素，如图 4-21 所示。

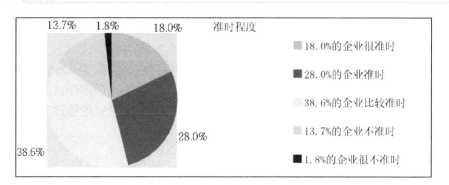

图4-20　企业与供应商合作时间统计图

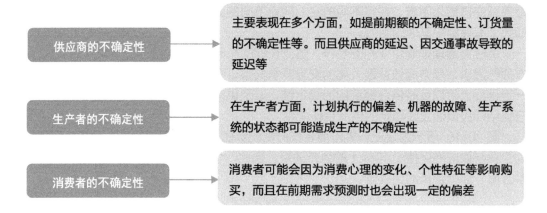

图4-21　库存管理现状的影响因素

第5章

供需:

掌握市场需求

供需指的是供应链中的供应与需求。在进行供应链管理时,企业首先要提前做好需求预测,了解市场与客户的真正需求,然后再对供给进行管理,确保产品能够正常供给。

5.1　需求预测：赢得市场竞争优势

预测指的是科学预测事物未来的发展演变趋势，只有做好预测才能更好地了解市场的需求，才能赢得市场的竞争优势。广义的预测包括动态预测和静态预测，而狭义的预测仅仅指的是动态预测。本节我们便来了解一下供应链的需求预测，帮助企业赢得竞争的优势。

5.1.1　供应链需求预测的作用

在供应链中，需求预测是非常重要的，它是制订供应链计划的基础。只有对未来客户的具体需求做好预测，才能使供应链中计划、运输、库存或其他有必要的活动达到预期的水平。

另外，供应链中包括多个环节和企业，如果每个环节和企业都独立进行预测的话，其结果往往会存在很大的误差，进而导致需求与供给不匹配。但是，如果各个环节和企业协同进行预测的话，其结果往往会比较准确。而准确的预测能够使供应链的价值得到进一步体现，产品也更能满足客户的需求，并更好地服务客户。因此，在很多供应链中，各个环节和企业都是通过协同预测的方式来提高供需匹配能力的。

既然是预测，那么便一定会有误差的存在，而这些误差是可以通过一定的方式加以消除的。而且，不同的产品，对待误差的态度也不同。对于成熟的产品来说，预测的误差往往比较小，也更容易控制；但是一些新兴产品则需要管理者严谨地去估计误差，并据此灵活地响应市场。

值得注意的是，在进行预测时，一定要注意预测的特点。其特点主要体现在以下几个方面。

1) 预测的结果不是精确的

预测时会受到许多因素的影响，如预测人员的能力、搜集数据的完整性和准确性等，这些都有可能使预测结果出现偏差。另外，相关人员在预测的过程中，除了要考虑预测的结果外，还要注意预测的误差，或者是预测的不确定性。

2) 长期预测的精度低于短期的

预测有长期预测和短期预测两种类型，其中长期预测的精度往往低于短期预测，这主要是因为长期预测受各种相关因素影响比较大，而且预测主要是根据现在的情况来推测未来的发展，因此距离的时间越短越好，也越准确。

3) 综合性预测的结果往往比离散型预测更为准确

各相关因素的影响还会因为目标对象的大小而有所不同。预测的目标对象较大时，各种相关因素的影响便会较小，任何一个因素的随机性变化对预测结果的影响也就相对较小。反之，相关因素的影响则会较大。所以，可以说，相比于预测一个企业的未来，预测一个国家未来的经济总量会更加准确。

4）越靠近供应链上游的企业，进行预测的难度越大

越是上游企业，离客户的距离也就越远，对客户需求的预测也就越不准确，因此预测的难度更大。

5.1.2　需求预测的分类

值得注意的是，需求预测也是有种类的，按照不同的分类方式可以分为不同的需求预测，如需求预测可以根据范围或层次、时间的长短、所用方法的性质进行分类。下面我们便来看一下需求预测的分类。

1．范围或层次

根据范围和层次，可以将需求预测分为宏观预测和微观预测，如图 5-1 所示。

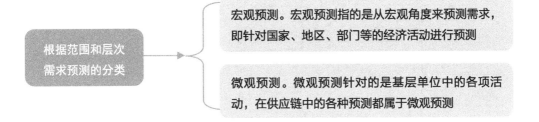

图 5-1　根据范围和层次需求预测的分类

2．时间长短

根据时间的长短，可以将需求预测分为长期预测、中期预测和短期预测三种，如图 5-2 所示。因为供应链的范围和层次都不同，所以预测的时间也会不同。预测时间较长的便是长期预测，时间较短的则是短期预测。

短期预测中还包括综合预测和离散预测。一般来说，离散预测的时间往往是 1 周或者是 4 周；而综合预测的时间更长，可能是半年或 1 年。因此，在短期预测中，综合预测的时间往往比离散预测的时间长。

3．所用方法的性质

除了以上两种方式外，还可以根据所用方法的性质来分类，通过这种分类方式可以将需求预测分为两类，即定性预测和定量预测，如图 5-3 所示。

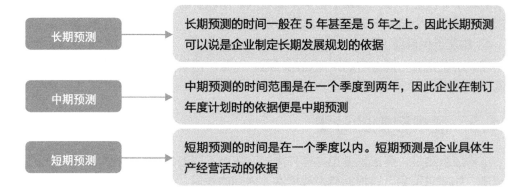

图 5-2　根据时间长短对需求预测的分类

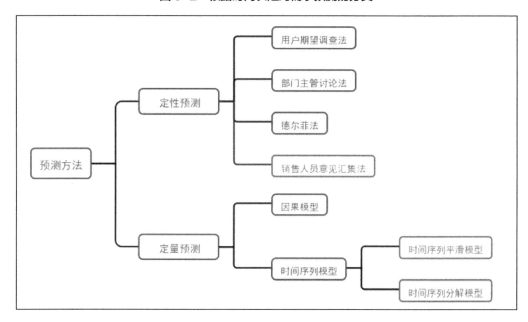

图 5-3　预测的两种方法

1）定性预测

什么是定性预测呢？其指的是相关人员根据了解的真实情况，凭借着自己的学识和经历，来判断并预测未来客户需求的性质、方向和程度。定性预测还可以称为判断预测和调研预测。

2）定量预测

定量预测与定性预测相比更加科学。因为定量预测主要凭借的是准确、及时、系统且全面的资料和信息，并且通过运用统计方法和数学模型来预测有关规模、水平和速度等的未来情况。因此，可以说定量预测与统计资料和统计方法有着非常密切的关系。

另外，定量预测的结果主要是以数据的形式来分析并说明，而定性预测的结果主要是以文字的形式来分析说明的。至于企业选择什么方式来预测主要应视预测的要求而定。

5.1.3 需求预测的方法

需求预测的方法主要有定性法、时间序列法、因果关系法和仿真法。下面我们来具体了解一下。

1. 定性法

在获得的资料比较少或者是专家的意见比较重要的情况下，企业一般都会采用定性法。其主要依靠的是人的主观意志、经验来进行判断的，包括集体讨论法、市场研究法、类比法、德尔菲法等，具体内容如下。

1) 集体讨论法

集体讨论法主要由相关的人员集中起来通过会议的形式来讨论有分歧的问题，以求达到意见统一。

2) 市场研究法

市场研究法的用途主要是评估产品质量低劣对销售以及市场份额的影响，有利于管理者了解隐性成本。市场研究的方法主要有两种方式，分别是市场测试法和市场调查。

(1) 市场测试法。其主要是通过对潜在顾客使用新产品的方法来进行测试，测试出来的结果能够用来判断整个市场对产品的需求。

(2) 市场调查。市场调查能通过多种方式进行，如调查问卷、电话抽访等。另外，市场调查的对象有行业市场、消费者、产品和竞争对手等，如图 5-4 所示。

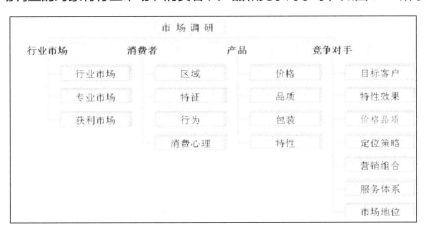

图 5-4 市场调查的对象

3) 类比法

类比法主要指的是将相关的预测对象进行分类比较，然后再对未知的对象进行预测。类比法可以分为性质类比、关系类比和条件类比 3 种，如图 5-5 所示。

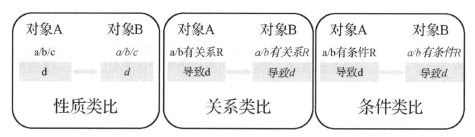

图 5-5　3 种类比方法

4) 德尔菲法

这种方法又被称为专家调查法，其基本特点主要是匿名性。德尔菲法主要是通过利用函询的形式来进行集体匿名交流。与其他专家的预测方法相比，具有 3 个比较明显的特性，分别是匿名性、反馈性和统计性。如图 5-6 所示为德尔菲法的相关内容。

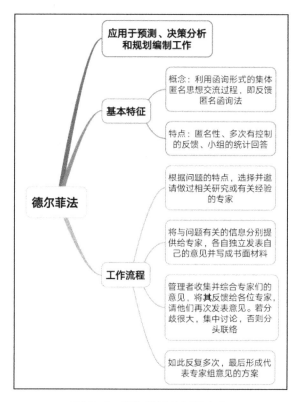

图 5-6　德尔菲法的相关内容

德尔菲法的特征主要体现在 3 个方面，具体内容如下。

（1）利用这种方式可以邀请许多专家参与预测，因此能够充分利用各大专家的学识和经验。

（2）这种方式主要是采用匿名的方式来预测，因此每个专家能够独立自主地作出判断。

（3）在预测的过程中，会经历许多轮讨论，因此专家的意见会逐渐趋同。

2. 时间序列法

时间序列法的依据是历史需求数据，主要是通过利用历史需求数据来预测未来的需求。值得注意的是，在时间序列法中，未来的需求还受到许多方面的影响，其中包括目前需求(需求水平)、过去的成长趋势(需求趋势)、过去季节性信息(季节系数)以及与历史需求无关的随机部分，如图 5-7 所示。

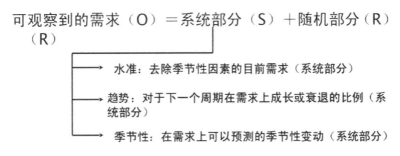

图 5-7　未来可观察到的需求

另外，计算系统成分主要有 3 种方程式，分别是乘法型、加法型和混合型，如图 5-8 所示。

乘法型：系统成分＝需求水平×需求趋势×季节系数
加法型：系统成分＝需求水平＋需求趋势＋季节系数
混合型：系统成分＝（需求水平＋需求趋势）×季节系数

图 5-8　计算系统成分的 3 种方程式

时间序列法还包括静态预测法和适应性预测法，具体内容如下。

（1）静态预测法。系统成分中的需求水平、需求趋势和季节性系数都不会因为观测到的新需求而改变。该预测法主要有两步，分别是估计需求水平和需求趋势、估计季节性系数。

（2）适应性预测法。适应性预测法的具体步骤包括 4 步，分别是初始化、预测、预测误差和修正误差。

3. 因果关系法

当需求预测与外界的一些客观因素，如经济状况、利率等，存在着高度相关的关系时，只有找到这些外界因素与需求之间的关联性，才能通过外界的这些因素来预测需求。

4. 仿真法

仿真法主要是通过计算机相关技术而形成的方法，现在有许多企业采用仿真法，如图 5-9 所示。预测需求时，主要是通过计算机来模拟消费者的选择来预测消费者的需求。

图 5-9　仿真法制作的模型

5.1.4　需求预测的步骤

其实，预测的结果往往是不准确的，甚至可能存在着很大的误差。但是，不能说因为存在着误差便不去预测了。一般来说，需求预测主要包括 5 步，分别是明确预测目标、整合需求计划和预测、分析影响因素、选择模型预测和建立标准预测，具体内容如下所述。

1. 明确预测目标

好的预测能够支持企业作好供应链决策，并且每一次预测都可以支持着具体的供应链决策。在明确需求预测目标时，首先要做的便是明确好预测服务的对象。值得注意的是，预测服务的对象可以是特定产品的生产量决策、库存量决策和订购量决策。

由于供应链中的各个企业都是相互影响的，因此其中的一个企业在作决策时，需要通知供应链内其他企业，以便大家都做好准备，以免供应链中出现产品过多或过少的现象。

2. 整合需求计划和预测

在明确了预测的目标后，第二步便是整合整个的需求计划和预测，其中计划包括产能计划、促销计划和采购计划等。为了更好地协调需求计划和预测，企业需要组建一个专业的团队来进行协调管理，而其中的工作人员需要从受到计划和预测影响的各个职能部门中抽调出来，主要是因为这个步骤需要各个职能部门的参与。

值得注意的是，整个需求计划和预测是需要供应链中的核心企业或是委托第三方企业来完成。这个步骤主要的工作内容首先是发布相关的整合需求计划，然后由供应链中其他企业来协调预测，最后再完成整个预测和计划。

3. 分析影响因素

需求预测的第 3 步主要是分析影响因素，其中的影响因素主要有 3 个，分别是需求、供给和产品，具体内容如下。

1) 需求

在需求方面，当企业进行预测时，一定要对顾客的需求进行分析，而不是只看具体的销售数据，因为销售数据会受到许多方面的影响，而这些影响便会扭曲真实的顾客需求。

2) 供给

在供给方面，企业在进行需求预测时需要分析供应商的数量和供货提前期的长短。当市场中可供选择的供应商数量较多，并且供货提前期比较短时，那么企业预测结果的误差就比较大，反之预测结果的误差则比较小。

3) 产品

在产品方面，企业需要分析的因素主要是产品的相关性。当产品之间的相关性较高时，产品之间便可以互相替代，企业便可以将这两种产品放在一起进行预测。这时，企业便需要协调考虑这两种产品的总需求。

4. 选择模型预测

在进行预测时，具有综合预测和单一预测两种方式。可以看出，综合预测比单一预测更为准确，因此在选择模型进行预测时，选择综合预测的话更加有益。当然，在进行预测时，要选择更为合适的模型来预测。一般来说，对于一些订货提前期短的特定产品，便可以选择单一预测。

5. 建立预测标准

需求预测的最后一步是建立一个标准进行预测。预测后的结果都会存在着一些误差，一些误差是可以通过调整方法来消除的，但是还有一些误差是不能被消除的。因此，在进行需求预测时，可以通过建立预测绩效机制来衡量，即通过与之前的误差标准进行对比，以便进行更为精准的预测。

5.2 供给管理：减少风险成本

做好供给管理可以减少风险成本。一般来说，企业可以从两个方面来进行供给管理，分别是生产能力管理和库存管理。本节我们便来了解供给管理的相关知识。

5.2.1 生产能力管理

在生产能力管理方面，企业可以结合下述 5 个方法来进行管理。

1）弹性工作制

实行弹性工作制能够更好地做好生产能力管理，因为如果不实行弹性工作制的话，便会出现生产线闲置的现象。当出现生产线闲置的现象时，过剩的生产能力便会以小时为单位存在。

例如，有的企业实行弹性的工作时间制度，当需求出现波动时，便会有员工在需求高峰期时来工作以便满足客户的需求。

2）使用季节性员工

使用季节性员工指的是招聘临时工。企业可以在需求较多的时候通过招聘临时工的方式来增加生产能力，满足客户的需求。例如，旅游业就经常使用这种方法，一般情况下，是全职员工工作，当旺季时便雇用临时工。不过，这种方法有一个弊端，那就是在劳动力市场短缺时，这种方法是很难实现的。

3）利用转包合同

利用转包合同指的是企业在需求比较多的时候将部分生产转包出去。值得注意的是，这种方法的生产成本比较低。

例如，大多数电力企业便是通过这个方法来进行生产能力管理的。一般来说，夏季是用电高峰期，电力企业便无法为所有的客户提供电力，这时企业便需要通过利用转包合同来使公司维持稳定的供给水平。

4）利用双重设施

双重设施指的是专用设施和弹性设施。专用设施指的是能够高效生产的设施，而弹性设施则指的是能够弹性生产更多产品的设施。双重设施的使用也说明了其成本是比较高的。

5）把产品弹性融入生产过程的设计中

这种方法比较强调弹性，其实施的条件是企业具有能够随意改变的弹性生产力，生产计划能够根据需求的变动而加以调整。

日本有一家制造公司有着各种生产线，能够生产不同产品，生产具有灵活性。值得注意的是，草坪整理机和除雪机的生产商可以通过构建一个旺季有着大量需求的产品组合来进行管理。现如今，很多的公司都采用这种方式来管理。

5.2.2　库存管理

在库存管理方面，为了更准确地预测需求变动，企业可以采用下述两种方法管理库存。具体内容如图 5-10 所示。

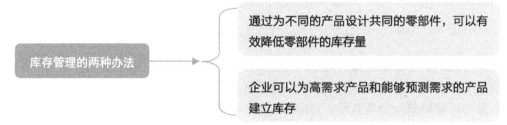

图 5-10　库存管理的两种方法

5.3　协调管理：提高供应链的绩效

在供应链管理中，各个环节的管理水平不一，因此需要企业进行协调管理，这样才能更好地提高供应链的管理水平以及供应链的绩效。本节我们便来了解一些协调管理的相关知识。

5.3.1　多方协作打造稳固的供应链

在供应链这个概念出现之后，人们便时常提起供应链协同，这主要是因为协同的本质其实是合作，而合作的达成能够更好地提高效率，进而创造经济奇迹。

供应链协同管理其实是一种管理思想，将其用于实践时，主要体现在下述 5 个方面，如图 5-11 所示。

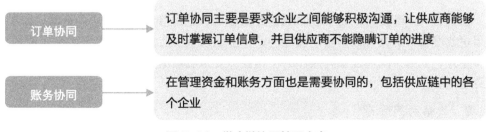

图 5-11　供应链协同管理内容

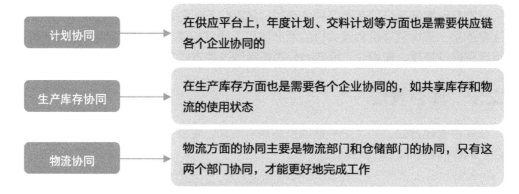

图 5-11　供应链协同管理内容(续)

与传统的供应链管理模式相比，供应链协同管理主要有三大优势，分别是加深了供应链中各个企业之间的合作、加快了物流速度和打破了分工的界限。

此外，要想做好协同管理，企业可以从 4 个方面着手，分别是建立信息共享平台、加强文化建设并形成价值认同、建立战略合作伙伴关系和建立稳固的信任机制。

5.3.2　供应链协调管理策略

进行供应链协同管理主要是为了提高核心竞争力。一般来说，可将协同管理分为业务协同、战略协同和文化协同 3 个等级，如图 5-12 所示。

图 5-12　协同管理等级

下面，我们便来看一下这 3 个等级的具体情况。

1．业务协同管理

在这 3 个等级之中，业务协同管理是最基础，也是最低层次的协同管理。但是，如果企业没有办法做好业务协同管理的话，那么这条供应链也将很难形成真正的竞争力。另外，业务协同管理首先要做的便是要在业务上紧密配合，毕竟业务运营是一个企业的根基。

2．战略协同管理

战略协同管理比业务协同管理的等级更高。可以看出，这一等级涉及企业的战略合作层面，而且同核心问题方面的合作与协调也有着很大的关系。因此，战略协同管理要求供应链中的各大企业和供应商在制定战略时要进行充分的了解，这样才能从大家共同的利益点出发商讨战略问题。

3. 文化协同管理

文化的影响时间是非常长的，有的文化影响甚至长达几百年之久，因此有的人认为，商业的最高境界是构建企业文化。在供应链管理中，这个道理也是通用的。因此，文化协同管理是最高等级的管理。

专家提醒

供应链协同管理理论很早便已经提出了，但是要落到实处却是很困难的。目前，我国的很多企业都只是处在摸索阶段。因此，各大企业在进行供应链协同管理时，要结合自身的现状，选择合适的、最优的方式来管理。

第6章

采购：

掌控供应源头

在供应链中，采购是非常重要的一环，要想保障产品的质量，提高供应链的绩效，就必须做好采购工作。此外，采购管理也是供应链管理中至关重要的一环，位于供应链管理的上游。

6.1 采购管理：实现精细化运作

采购管理影响着供应链的管理。目前，各大企业的竞争在一定程度上也是供应链的竞争。因此，一家优秀的企业，并做好供应链中的采购管理，制订一个优秀的采购战略。本节我们便来看一下采购管理的相关内容。

6.1.1 采购概念

什么是采购呢？采有选取、收集之意，而购则有购买的意思。从狭义上来说，采购指的是通过货币在卖方处购买货物或服务的行为。而从广义上来看，采购指的是取得货物或服务的过程，即获取了产品和服务的使用权。

采购可以分为 4 种方式，分别是集中采购、招标采购、电子采购和全球采购，具体内容如图 6-1 所示。

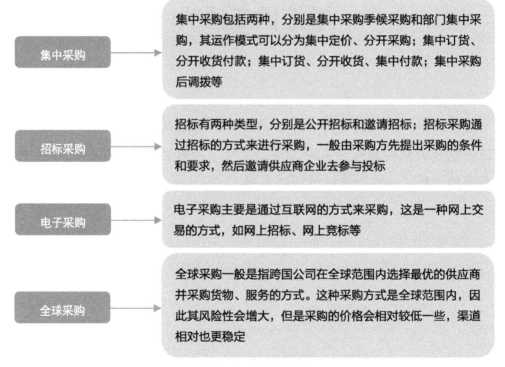

集中采购	集中采购包括两种，分别是集中采购季候采购和部门集中采购，其运作模式可以分为集中定价、分开采购；集中订货、分开收货付款；集中订货、分开收货、集中付款；集中采购后调拨等

招标采购——招标有两种类型，分别是公开招标和邀请招标；招标采购通过招标的方式来进行采购，一般由采购方先提出采购的条件和要求，然后邀请供应商企业去参与投标

电子采购——电子采购主要是通过互联网的方式来采购，这是一种网上交易的方式，如网上招标、网上竞标等

全球采购——全球采购一般是指跨国公司在全球范围内选择最优的供应商并采购货物、服务的方式。这种采购方式是全球范围内，因此其风险性会增大，但是采购的价格会相对较低一些，渠道相对也更稳定

图 6-1　采购的方式

采购有着三大作用，分别是提高回报率确保供应链、保障产品质量，具体的内容如图 6-2 所示。

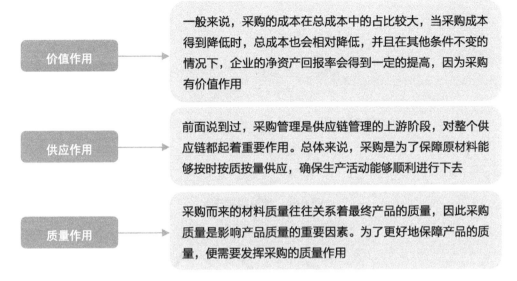

价值作用　一般来说，采购的成本在总成本中的占比较大，当采购成本得到降低时，总成本也会相对降低，并且在其他条件不变的情况下，企业的净资产回报率会得到一定的提高，因为采购有价值作用

供应作用　前面说到过，采购管理是供应链管理的上游阶段，对整个供应链都起着重要作用。总体来说，采购是为了保障原材料能够按时按质按量供应，确保生产活动能够顺利进行下去

质量作用　采购而来的材料质量往往关系着最终产品的质量，因此采购质量是影响产品质量的重要因素。为了更好地保障产品的质量，便需要发挥采购的质量作用

图 6-2　采购作用

采购的过程一般包括 11 个步骤，具体内容如图 6-3 所示。

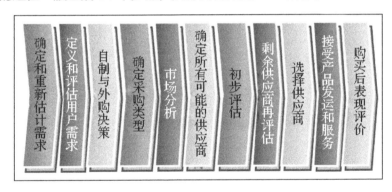

确定和重新估计需求　定义和评估用户需求　自制与外购决策　确定采购类型　市场分析　确定所有可能的供应商　初步评估　剩余供应商再评估　选择供应商　接受产品发运和服务　购买后表现评价

图 6-3　采购的过程

6.1.2　采购行为模式

采购的行为可以分为 3 种，分别是简单购买行为、传统采购行为和供应链整合后的采购行为。图 6-4 所示为简单购买行为，其管理和战略的关注点在于内部客户。

传统购买行为管理及战略的关注点增加了采购，如图 6-5 所示。而在供应链整合后的采购行为，其管理和战略的关注点包括供应商、采购和内部客户 3 个方面，如图 6-6 所示。

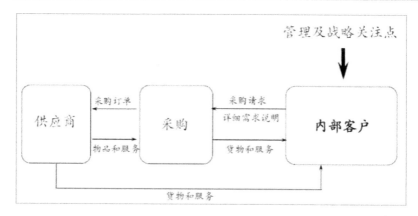

图 6-4　简单购买行为

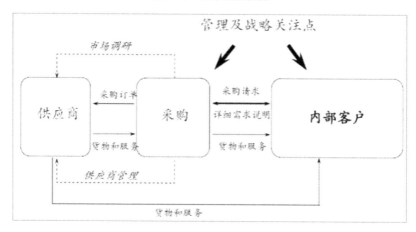

图 6-5　传统购买行为

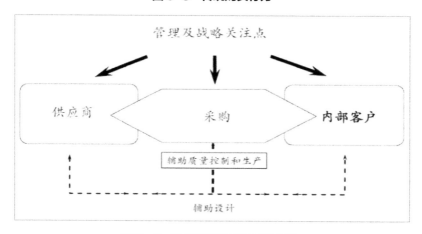

图 6-6　供应链整合后的采购行为

采购的模式可以分为两种，一种是传统采购模式，另一种是在供应链管理下的采购模式。

1. 传统采购模式

传统采购模式主要可以分为询价采购、比较采购和招标采购，具体内容如图 6-7 所示。

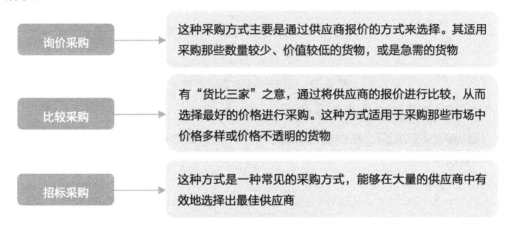

询价采购	这种采购方式主要是通过供应商报价的方式来选择。其适用采购那些数量较少、价值较低的货物，或是急需的货物
比较采购	有"货比三家"之意，通过将供应商的报价进行比较，从而选择最好的价格进行采购。这种方式适用于采购那些市场中价格多样或价格不透明的货物
招标采购	这种方式是一种常见的采购方式，能够在大量的供应商中有效地选择出最佳供应商

图 6-7　传统采购模式

招标采购一般常见于重大的建设工程、大型项目、政府采购等情况下。图 6-8 所示为采购的过程。在采购过程中，涉及供应商、采购、制造等多个部门。

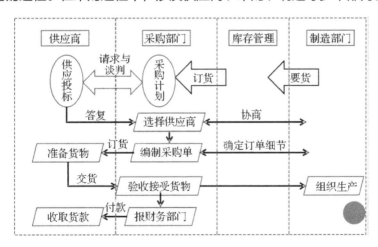

图 6-8　采购的过程

传统采购模式的特点在于重视供应商中的价格比较，其主要特点体现在 4 个方面，如图 6-9 所示。

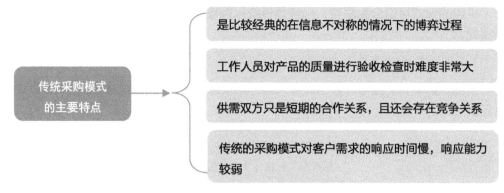

图6-9　传统采购模式的主要特点

2. 供应链管理下的采购模式

采购涉及采购部门，在供应链管理条件下，采购具体有什么作用呢？具体内容如图6-10所示。

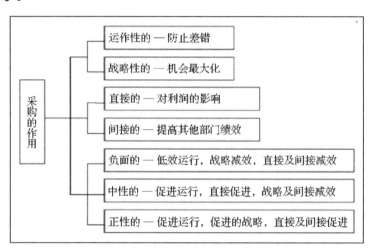

图6-10　供应链管理条件下采购的作用

从图6-10中可以看出，采购的作用包括运作性的、战略性的；直接的、间接的和负面的、中性的、正面的。

供应链管理条件下的采购模式有3大特点，具体内容如下所述。

1）采购的目的由为库存转而为订单

传统的采购模式仅仅是为了补充库存而进行采购，主动性较弱，所以一般称之为库存采购。而在供应链管理模式下，企业都是针对订单而去采购的。由订单驱动采购主要有以下4个特点。

（1）交易的双方不再是简单的合作关系，而是战略合作伙伴关系，大大降低了交易的成本。

(2) 这种采购方式在一定程度上缩短了用户的响应时间，并实现了供应链的同步化、精细化运作。

(3) 与传统的采购模式相比，这种采购方式改变了原来的信息传递方式。

(4) 由订单驱动下的采购方法实现了面向过程的作业管理模式。

2) 由原来的采购管理转为外部资源管理

外部资源管理主要指的是在供应商的产品设计、产品的质量控制过程中都将采购活动渗透进来。那么，为什么要实施外部资源管理呢？主要有以下两个原因。

(1) 在传统的采购模式下，与供应商的合作关系不算密切，因此需要建立新的合作关系，才能更好地提高供应链的绩效。

(2) 实施精细化生产、零库存生产要求企业必须实现外部资源管理。

3) 由一般买卖关系转为战略合作伙伴关系

前文中提到过，传统的采购模式仅仅是一般的买卖关系，而在供应链模式下，供需双方就不仅仅是买卖关系了，联系更为紧密。

从不同角度来看，供应链采购和传统采购的特点不同，如表 6-1 所示。

表 6-1　供应链采购和传统采购的特点区别

角　度	供应链采购特点	传统采购特点
采购性质	基于需求的采购	基于库存的采购
	供应方主动型，需求方无采购操作的采购方式	需求方主动型，需求方全采购操作的采购方式
	合作型采购	对抗型采购
采购环境	友好合作	利益互斥、对抗竞争
信息情况	企业间信息连通、信息共享	企业间信息不同、信息保密
库存情况	供应商掌握库存与库存主动权	需方掌握库存与库存主动权
	需方可以不设仓库，零库存	需方可以设仓库，高库存
送货方式	供应商小批量多频次连续送货	大批量少频次订货送货、库存量大
双方关系	关系友好，为战略合作伙伴关系；责任共担、利益共享、协调性配合	一种对抗性的买卖关系；责任自负、利益独享、互斥性竞争
验货工作	免检、成本低	严格检查、成本高

由供应链管理条件下采购模式的特点可以看出，该模式已经不同于以往的采购模式了，其对传统的采购模式进行了根本变革，如图 6-11 所示。由图中可以看出，革新后的采购模式强调战略采购。

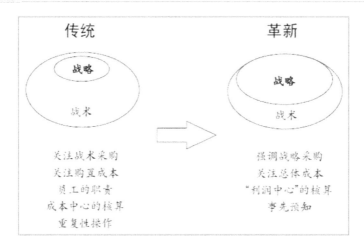

图6-11 采购模式的根本变革

与传统采购模式相比，供应链管理条件下的采购流程相对比较简单，如图 6-12 所示。

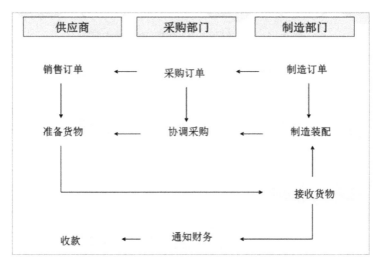

图6-12 供应链管理下的采购流程

6.1.3 采购组织模式

一般来说，采购有两种组织模式，一种是集中式，另一种是分散式，如表 6-2 所示。集中式指的是将公司的全部采购活动都交由一个部门负责。这种模式能够使收集而来的材料达到标准化，也有利于节省采购成本以及专业化分工。但是这种模式也有着一定的劣势，那就是反应比较慢，不能适应特殊的采购需求。

表6-2　两种采购组织模式

集 中 式	分 散 式
协调全组织所有需求	与供应商关系密切
成为与市场联系的中心	各自分别联系
有很强的谈判能力	决定迅速
有效控制库存和订单	管理层少

　　分散式模式便是要求各个部门管理各自的采购业务。这种模式更加便捷，与供应商关系也更加密切，但是这种模式无法形成一定规模，因此不利于企业节约采购的成本以及对质量的控制。

6.1.4　采购管理

　　采购管理主要是针对采购过程进行管理。企业通过对采购进行管理有利于保证最终产品的质量，提高供应链的绩效。

　　图 6-13 所示为基于供应链的采购管理模型。从图中可以看出，该模型包括供应商的信息处理系统、采购管理信息处理系统服务器、企业管理信息系统中央服务器、供应商情况数据库和物资情况数据库等多个系统和数据库。

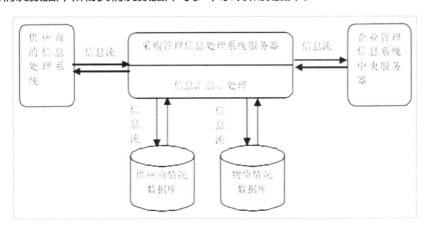

图 6-13　基于供应链的采购管理模型

　　采购管理的内容主要包括采购需求分析、资源市场分析、制订采购计划、采购基础工作、采购监控、实施采购计划等，如图 6-14 所示。

　　传统的采购模式与供应链采购模式有一定的区别，那么相应的，传统采购管理和供应链采购管理也有着一定的区别，如表 6-3 所示。

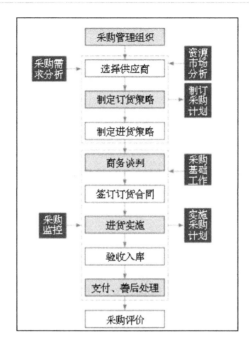

图 6-14　采购管理的过程

表 6-3　传统采购管理与供应链采购管理的区别

项　目	传统采购管理	供应链采购管理
供需双方关系	相互对立	合作关系
合作关系	可变	长期
合同期限	短	长
采购数量	大批量	小批量
运输策略	单一品种整车发送	多品种整车发送
质量问题	检验、再检验	无需入库检验
供需双方的信息沟通	采购订单	网络
信息沟通频率	离散的	连续的
对库存的认识	资产	累赘
供应商数量	多，越多越好	少，甚至只有一个
设计流程	先设计产品后询价	供应商参与产品设计
产量	大量	少量
交货时间安排	每月	每周或每天
供应商地理分布	很广的区域	尽可能靠近制造商
仓库	大，自动化	小，灵活

一般来说，在进行供应链采购管理时会考虑 ERP(Enterprise Resource Planning，企业的资源计划)。如图 6-15 所示为基于 ERP 的供应链采购管理结构。ERP 包括 6 大核心内容，分别是工程数据管理、生产管理、项目管理、客户服务管理、物资管理和财务管理。另外，该计划的管理理念体现了对整个供应链资料进行有效管理的思想，包括供应链中的人、财、物等所有资源及流程。

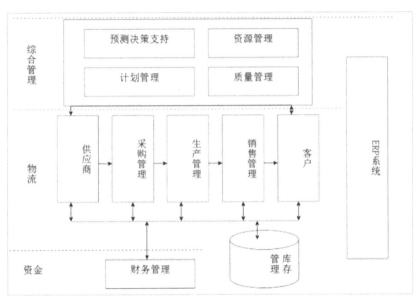

图 6-15　基于 ERP 的供应链采购管理结构

6.2　制定策略：追求采购最大价值

要想实现采购的最大价值，就必须在采购时制定良好的策略，如此才能选择更好的供应商、减少采购过程中的风险。本节我们便来了解一下采购方面的相关策略。

6.2.1　即时制采购

即时制采购又可以称为准时化采购，主要是为了满足客户的需求而采用的采购方式，是准时化生产系统的重要组成部分。

即时制采购的基本思想是在合适的时间、地点，以合适的数量、质量提供合适的产品，而其核心在于供应商的选择和质量的控制。下面，我们来了解一下即时制采购的产生背景、主要特点、主要原理、优点、存在的问题及解决办法、实施以及与传统采购的区别。

1. 产生背景

　　传统的采购是因为库存短缺影响到了生产，企业才会进行采购，而这会在一定程度上增加总成本。为了降低成本，有些企业会通过各种方式压缩库存，但是压缩能力是有限的，因此有的时候会出现既有高库存、又出现某些材料短缺的情况，严重影响生产，如图 6-16 所示。

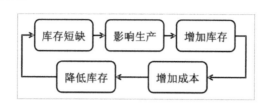

图 6-16　即时制采购产生的背景

2. 主要特点

　　即时制采购的主要特点体现在 6 个方面，具体内容如图 6-17 所示。

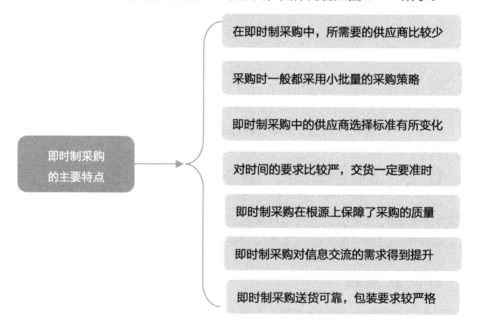

图 6-17　即时制采购的主要特点

3. 主要原理

　　即时制采购的原理主要包括两个方面，具体内容如下。

　　(1) 传统的采购是面向库存的，而即时制采购是面向用户需求的，用户需要什么便采购什么。

（2）品种规格、品种质量、品种数量、送货时间、送货地点都是根据用户的需求而定的，全面按照用户需求执行。

4. 优点

即时制采购能够及时响应订单，并快速完成交付，其优点主要体现在以下 3 个方面，如图 6-18 所示。

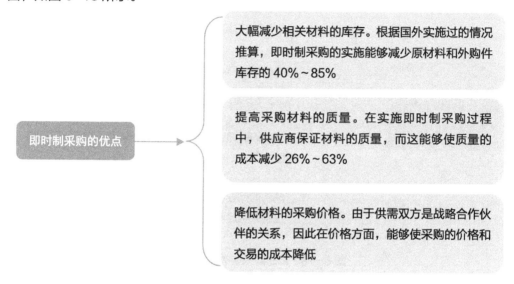

即时制采购的优点

大幅减少相关材料的库存。根据国外实施过的情况推算，即时制采购的实施能够减少原材料和外购件库存的 40%～85%

提高采购材料的质量。在实施即时制采购过程中，供应商保证材料的质量，而这能够使质量的成本减少 26%～63%

降低材料的采购价格。由于供需双方是战略合作伙伴的关系，因此在价格方面，能够使采购的价格和交易的成本降低

图 6-18　即时制采购的优点

5. 存在的问题及解决办法

即时性采购也存在一些问题，如单源供应、小批量采购等。下面我们便来详细了解一下这些。

1）单源供应

即时性采购中会采用单源供应，但是单源供应会带来一些风险，如交货被意外中断、对供应商依赖性过大等。

怎么处理因为单源供应而带来的风险呢？企业可以与供应商建立一种长期共赢的合作伙伴关系，或者选择两个供应商来提供相同的原材料和外购件。

2）小批量采购

相对于大批量采购来说，小批量采购必定会增加材料运输压力、运输次数和运输的成本。针对这一问题，主要通过以下 4 个方法来解决。

（1）在地理位置上，可以选择靠近制造商的供应商，缩短运输距离，降低运输成本。

（2）如果制造商附近没有供应商，或者供应商达不到要求，则可以通过供应商在制造商附近建立一个仓库的方式来降低运输成本。

(3) 通过物流企业来按时按量地运输材料。

(4) 由一个供应商来提供多种制造商所需的材料。

6. 实施

即时制采购在实施的过程中是有一定的条件的，如图6-19所示。

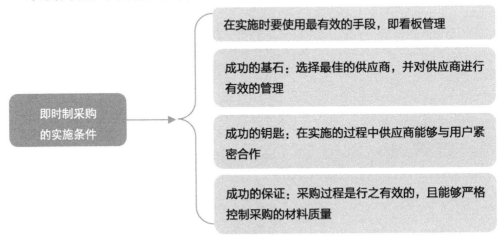

即时制采购的实施条件

在实施时要使用最有效的手段，即看板管理

成功的基石：选择最佳的供应商，并对供应商进行有效的管理

成功的钥匙：在实施的过程中供应商能够与用户紧密合作

成功的保证：采购过程是行之有效的，且能够严格控制采购的材料质量

图6-19　即时制采购的实施条件

看板管理是实施即时制采购特有的一种有效手段，包括三角形看板、设备看板、品质看板、生产管理看板、工序管理看板等。图6-20所示为三角形看板。

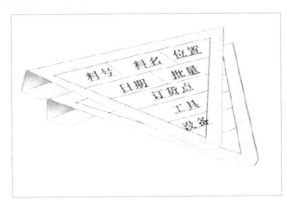

图6-20　三角形看板

下面我们来详细了解一下即时制采购实施的基本条件和具体实施步骤。

1) 基本条件

实施即时制采购的基本条件也是实施的前期准备工作，只有做好前期的准备工作，才能更好地开展即时制采购。那么，实施即时制采购的基本条件包括哪些呢？具体内容如图 6-21 所示。

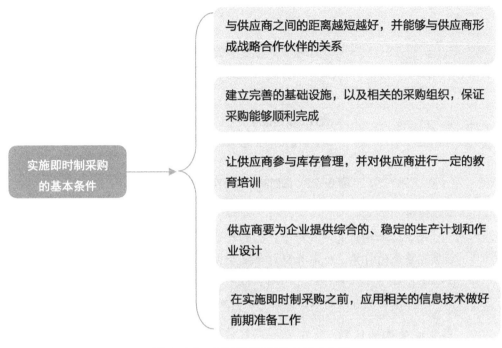

图 6-21　实施即时制采购的基本条件

2) 具体实施步骤

即时制采购的具体实施步骤主要包括 6 个方面，具体内容如图 6-22 所示。

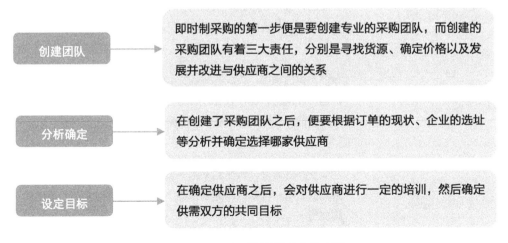

图 6-22　即时制的具体实施步骤

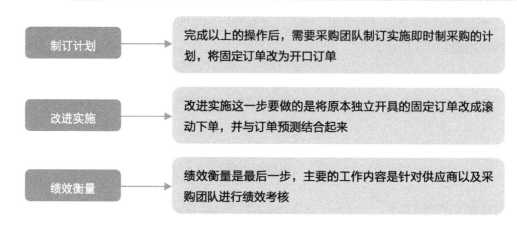

图6-22 即时制的具体实施步骤(续)

专家提醒

　　开口订单指的是没有对于产品的数量进行约定,但是对产品的规格、金额等有要求的订单。一般开口订单属于大额订单,并且在双方都没有异议的情况下,订单可长期存在。而闭口订单一般都是一次性的,对产品的各项要素以及数量等都有严格要求。

7. 与传统采购的区别

即时制采购与传统的采购有一定的区别,具体有以下几点,如图6-23所示。

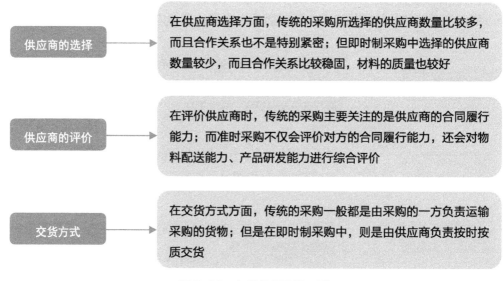

图6-23 与传统采购的区别

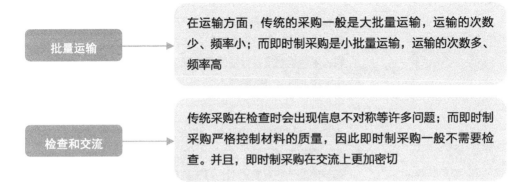

| 批量运输 | 在运输方面，传统的采购一般是大批量运输，运输的次数少、频率小；而即时制采购是小批量运输，运输的次数多、频率高 |

| 检查和交流 | 传统采购在检查时会出现信息不对称等许多问题；而即时制采购严格控制材料的质量，因此即时制采购一般不需要检查。并且，即时制采购在交流上更加密切 |

图6-23　与传统采购的区别(续)

6.2.2　采购战略

为了迅速使公司发展壮大，提高供应链的绩效，有些企业会根据自身的长远目标以及竞争战略而去制定一系列有关采购的全局性、长远性的计划和策略。一般来说，采购战略应该与企业的竞争战略和供应链战略相匹配，具体内容如图6-24所示。

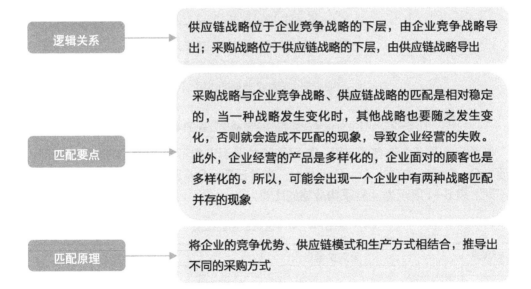

| 逻辑关系 | 供应链战略位于企业竞争战略的下层，由企业竞争战略导出；采购战略位于供应链战略的下层，由供应链战略导出 |

| 匹配要点 | 采购战略与企业竞争战略、供应链战略的匹配是相对稳定的，当一种战略发生变化时，其他战略也要随之发生变化，否则就会造成不匹配的现象，导致企业经营的失败。此外，企业经营的产品是多样化的，企业面对的顾客也是多样化的。所以，可能会出现一个企业中有两种战略匹配并存的现象 |

| 匹配原理 | 将企业的竞争优势、供应链模式和生产方式相结合，推导出不同的采购方式 |

图6-24　采购战略与企业竞争战略、供应链战略匹配的内容

与企业竞争战略和供应链战略匹配的采购战略有4种，分别是集成采购战略、反应采购战略、响应采购战略以及协同采购战略，具体内容如图6-25所示。

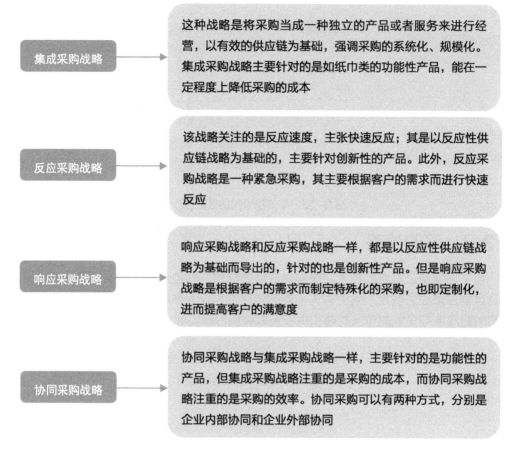

图6-25 与企业竞争战略和供应链战略匹配的4种采购战略

4种采购战略各有各的不同，其采购的关键诉求也不同，QCDS(Q：Quality，品质；C：Cost，成本；D：Delivery，交付日期；S：Service，服务)的关注程度也不同。表6-4所示为4种采购战略的比较。

表6-4 4种采购战略的比较

采购战略	采购关键诉求	QCDS 关注程度
协同采购	追求功能、质量至上、品种相对单一、规模化效益、生产成本低、快速满足需求	Q(四星)C(四星)D(三星)S(二星)
集成采购	在协同基础上、库存水平低、精益化制造、上下游集成、反应时间慢	Q(四星)C(四星)D(二星)S(三星)
响应采购	个性化、多品种、小批量、快速捕捉、快速满足	Q(三星)C(二星)D(二星)S(四星)
反应采购	供应链延迟、大规模定制、标准化模块、快速反应	Q(三星)C(三星)D(四星)S(三星)

当企业在制定采购战略时，要按照一定的流程，才能做到不遗漏，更好地完成采购工作。那么，企业要按照什么类型的流程来制定采购战略呢？一般来说，主要包括3个步骤，具体内容如图 6-26 所示。

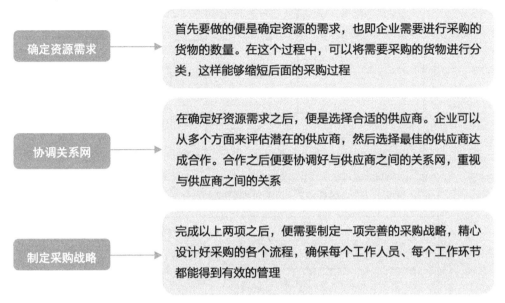

图 6-26　制定采购战略的步骤

6.2.3　控制采购成本

采购成本在供应链总成本中占比很大，在传统的供应链管理中，采购成本总是居高不下。

在了解怎么控制采购成本之前，我们先来了解一下采购总拥有成本。只有深入了解采购成本，才能更好地控制采购的成本。一般来说，采购总拥有成本指的是采购活动中所有的费用，包括了显性成本和隐性成本，如图 6-27 所示。

在供应链中降低采购成本是非常重要的事情，下面我们便来了解一下影响采购成本的主要因素。

1. 供应链牛鞭效应

牛鞭效应是经济学中的一个术语。这种效应指的是供应链上的一种需求变异放大的现象，具体内容如图 6-28 所示。

1）形成过程

因信息流传递时信息不能实现有效的共享，从而使信息被扭曲并逐级放大，而这显示在图表上像扭动的牛鞭，因此被称为牛鞭效应。其形成过程如图 6-29 所示。

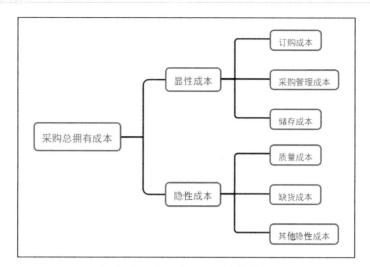

图 6-27　采购总拥有成本的分类

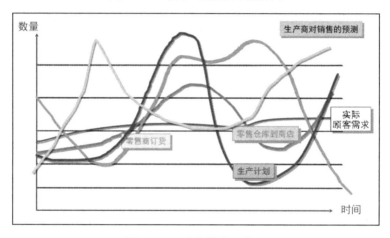

图 6-28　牛鞭效应示意图

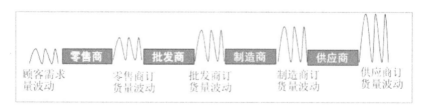

图 6-29　供应链中"牛鞭效应"的形成过程

2) 产生原因

产生牛鞭效应的原因主要有 5 点，分别是需求预测修正、订货方式、价格波动、短缺博弈和环境因素，具体内容如图 6-30 所示。

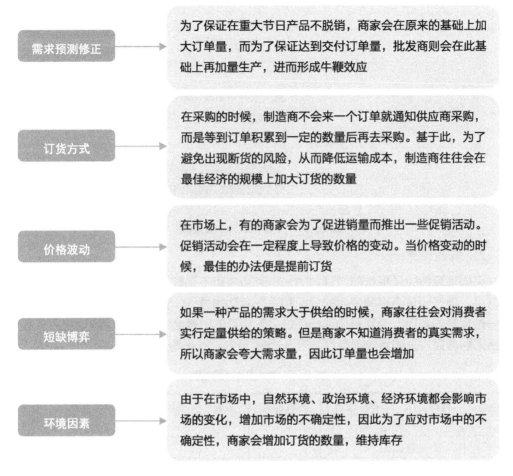

图 6-30 牛鞭效应产生的原因

3) 主要危害

牛鞭效应会对整个供应链产生一定的危害，具体内容如图 6-31 所示。

4) 防治措施

针对牛鞭效应，主要有以下 5 条对策来解决。

(1) 做好供应链中各个环节的信息共享，避免出现多方需求预测的情况。

(2) 可以采用小批量、多次订货的方式来采购。

(3) 在价格方面，可以减少商家的折扣频率和幅度，保证价格的稳定性。

(4) 向客户共享商家的生产能力和库存情况，减少消费者顾虑，消除短缺情况下的博弈行为。

(5) 与供应商建立战略合作伙伴关系。

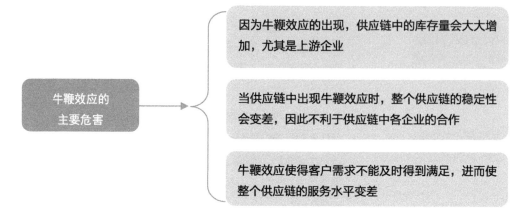

图6-31 牛鞭效应的主要危害

2. 采购预算

采购预算指的是采购部门编制的一定时期内用于采购的经费预算，其原则在于实事求是，但是预算会影响资源的分配和生产活动的进行，因此一般在编制时会适当增加一些预算的费用。通常采购部门在做采购预算的时候会编制一个采购预算表，其中包括采购项目、采购目录等条目。表6-5所示为材料采购预算表。

表6-5 材料采购预算表

序号	材料名称	存放位置	材料种类	数量	采购单价	总需金额	备注
1							
2							
3							
4							
5							
6							
7							
8							

采购部门通过编制采购预算能够协调企业各个部门之间的合作经营，其作用如图6-32所示。

在编制采购预算的时候，需要遵循一定的编制原则，具体内容如下。

(1) 编制采购预算时要注意尊重事实，不要过分夸大，也不能太节省。

(2) 在编制采购预算时要保留一定的余地，以防出现预算不够的情况。

(3) 比质比价地编制采购预算。

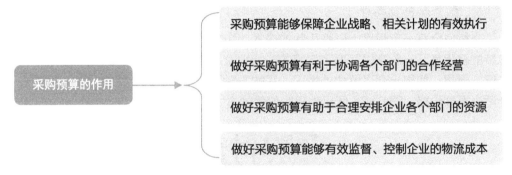

图 6-32　采购预算的作用

3. 采购批量

相对于小订单来说，大订单往往更加吸引供应商，而且大订单也会在一定程度上降低采购的成本。因此，面对大订单的时候，供应商会采用适当降价的方式来回报采购方。在这种情况下，采购方便可以通过批量采购的方式来获得价格折扣，从而降低采购的成本。

4. 采购流程

采购涉及多个部门，其中包括企划部、采购部、财务部和物流部。采购活动包括多个流程，其中有预处理提前期、采购处理提前期、采购后处理提前期等。值得注意的是，采购流程是否合理关系到采购的效率以及采购的成本。图 6-33 所示为采购的流程。

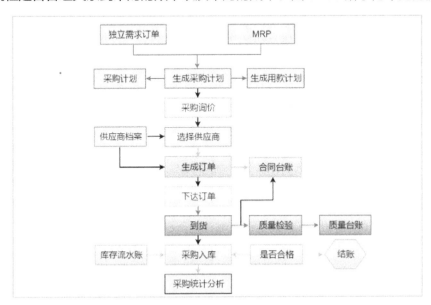

图 6-33　采购的流程

5. 交货和付款条件

交货也会在一定程度上影响采购的成本，如交货涉及交货的地点、运输的方式、包装的费用等。一般来说，有了完整的交货批次、合理的交货期，采购的成本会有所降低。但是，如果出现了紧急的情况，采购方需要提前采购这批货物的话，供应方就会适当提高价格。图6-34所示为采购付款的方式。

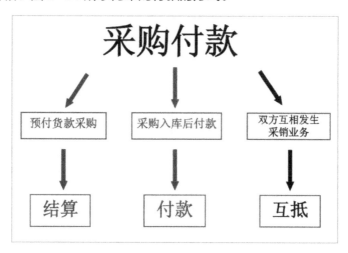

图6-34　采购付款的方式

6. 供应商的选择

供应商的选择也会影响采购的成本。供应商提供原材料质量的好坏关系着企业生产出来的产品质量的好坏。当原材料的质量出现问题时，即便企业的技术再好，最终生产出来的产品也会存在质量隐患。

此外，采购的成本会受供应方原材料成本影响，因此采购的价格需要高于供应商给予的成本价格。

第7章

商家：

建立质量体系

供应商和制造商都是供应链中非常重要的两个角色。供应商是一个完整的供应链体系中最核心的部分，企业需要去监督，进而保证供应商的材料的质量。

有的企业会将一些生产环节分包出去，这时就需要企业选择优秀的制造商来完成这部分的生产。本章我们便来了解一下有关供应商、制造商的相关内容。

7.1 监督供应：提高供应链的效率

供应商是为企业生产活动提供原材料、工具等资源的商家，对其进行监督有利于保证供应材料的质量，提高供应链的效率，也能在一定程度上节约采购的成本。本节我们便来了解一下供应商的相关内容。

7.1.1 供应商分类

在市场上，采购方会按照采购货物的金额、重要性等对供应商进行分类，主要的分类方法有 80/20 原则和 ABC 分类法、按物资的重要程度和供应市场的复杂度分类、模块法分类、供应商关系谱分类。具体内容如下所述。

1. 80/20 原则和 ABC 分类法

根据 80/20 原则，可以将供应商分为重点供应商和普通供应商两类，如表 7-1 所示。针对不同的供应商，企业对其管理所投入的精力也不尽相同。

表 7-1　根据 80/20 原则供应商分类

	描　述	对供应商的管理
重点供应商	占采购价值 80%，占采购物资数量 20%，该物资为企业战略物品或者需要集中采购的物品	投入 80%的精力进行管理和改进
普通供应商	占采购价值 20%，占采购物资数量 80%，该物品对企业成本、质量、生产影响较小	投入 20%的精力进行管理和改进

在此基础上，供应商会占到采购金额的 70%~80%，但采购物资的数量只占到20%左右的供应商为 A 级供应商；占比在 20%~30%的供应商为 B 级供应商；而占比在 5%~10%的供应商为 C 级供应商。采购价值占比逐渐减少，等级也会逐渐降低。

一般来说，作为重点供应商和 A 级供应商，可以获得一些优待，具体的待遇如下所述。

(1) 作为重点供应商和 A 级供应商，可以享受优先结账的优待。

(2) 优先满足供应商的要求，如新品申报的优先和促销安排的优先等。

(3) 在货架部门，将重点供应商的货物陈列在黄金区域。

(4) 重点供应商和 A 级供应商还可以自主设置促销员。

2. 按物资的重要程度和供应市场的复杂度分类

一般来说，采购方所采购物资的重要程度是不一样的，具体可以分为瓶颈物料、关键物料、日常物料和杠杆物料，如图 7-1 所示。

图 7-1　物资的重要程度

1）瓶颈物料

瓶颈物料属于高风险、低价值的物料，并且这种物料对生产技术的要求较高，但是利润不高，因此这种供应商比较少。企业可以尽量用日常物料来代替，如果实在代替不了的话，可以与这类物流的供应商建立长期合作的关系，并协助这些供应商改进物流的生产。

2）关键物料

关键物料对企业来说是非常重要的，影响着企业产品的生产，还能够帮助企业拥有较大的竞争优势。这类物料属于高风险高价值的物料，主要是因为这类物料可供选择的供应商比较少。

也正因为供应商比较少，所以一般不容易被市场淘汰，因此企业可以与此类供应商建立长期合作的关系。

3）日常物料

日常物料属于低风险、低价值的物料，对最终产品的影响不是很大，也没有太多的附加价值。而且日常物料采购风险较小，使用量也比较小，就算采购意外中断也不会给整个供应链和企业的生产带来影响。此外，这种物料在市场上比较多，而且可供选择的供应商数量也比较多。企业可以与这类供应商建立短期的合作关系。

4）杠杆物料

杠杆物料属于低风险、高价值的物料。这类物料使用量大、成本价值也比较高。杠杆物料一般来说是成熟产品，互相之间能够替代，生产的厂家也比较多。

对于这类供应商的选择，企业应该考虑供应商的未来发展状况、自身的经营状况和技术能力，并且应尽量保持采购的优势地位。当出现成本较低的供应商时，在物料质量相同的前提下，可以选择更换供应商。

3. 根据模块法分类

模块法分类主要考虑的是对采购商的重要性和对供应商的重要性两个方面，具体可以将供应商分为重点商业型、伙伴型、商业型、优先型 4 种，如图 7-2 所示。

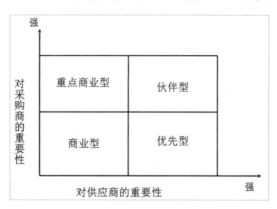

图 7-2　模块法

4. 根据供应商关系谱分类

采用供应商关系谱进行分类的话，可以将供应商分为 7 种类型，如表 7-2 所示。不同的供应商，特征和适应范围不同。

表 7-2　根据供应商关系谱分类的供应商

	层　次	类　　型	特　　征	适合范围
供应商关系	5	自我发展型的伙伴供应商	优化协作	态度、表现好的供应商
	4	共担风险型供应商	强化合作	
	3	运作相互联系型供应商	公开、信赖	
	2	需持续接触型供应商	竞争游戏	表现好的供应商
	1	已认可、触手可及型供应商	现货买进关系	方便、合理的供应商
		可考虑型供应商		潜在供应商
		不可接受型供应商		不合适

企业不仅可以根据单一分类标准来划分供应商，可以将几个分类标准综合起来划分供应商。

例如，将物资的重要及风险程度、供应商供货能力和供需依存关系及地位强弱这三者作为分类的标准可以将供应商分为战略供应商、主力核心供应商、区域性供应商、一般供应商 4 类，如图 7-3 所示。

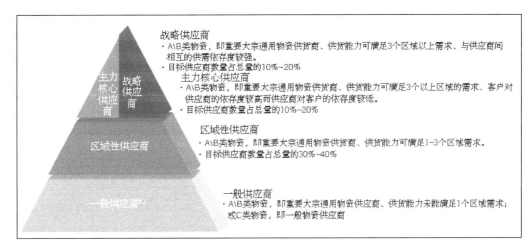

图 7-3　4 类供应商

此外，3 个分类标准有着不同的分类原则。表 7-3 所示为 3 个分类标准的具体分类原则。

表 7-3　3 个分类标准的具体分类原则

分类标准	具体分类原则
物资重要及风险程度	物资对生产运维、基建项目的重要及风险程度：从物资的重要性、物资整体使用量/采购支出、以及物资使用通用性 3 个角度，来衡量该品类物资的供应对生产运维、基建项目的影响程度
供应商供货能力	跨地理区域运作：用以从产品、物流与服务 3 个方面衡量该供应商是否能够满足未来总部及多个区域内企业的物资供应，实现跨地理区域运作。 产品：用以从可供货数量与覆盖物资品种角度衡量该供应商的供货能力。 物流：用以衡量该供应商跨区域供应的渠道能力。 服务：用以衡量该供应商是否拥有跨区域后续运维支持的能力
供需依存关系及地位强弱	供应市场的成熟程度、客户采购支出与供应商产能匹配、采购支出所占其产能的份额、供应商替代难易度及成本、是否签订长期框架协议、研发协同与交流

专家提醒

　　MRO 是 Maintenance、Repair、Operations 这 3 个单词的缩写，在 20 世纪 90 年代末才传入中国。其中，Maintenance 指的是维护，Repair 指的是维修，Operation 指的是运行。中文意思指的是不在实际生产过程中直接构成产品的、只能进行维修等用途的物料或服务。

图 7-4 所示为供应商分类决策树。从图中可以看出，供应商分类的标准依次是物料重要及风险程度、供货能力及服务区域以及供需关系地位的强弱。

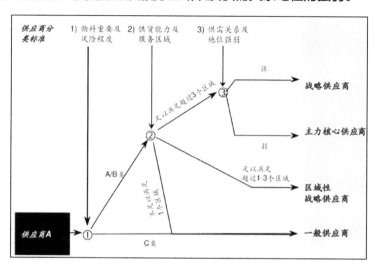

图 7-4　供应商分类决策树

供应商有着不同的种类，相应的配套管理原则也不同，如图 7-5 所示。不同的供应商，供应商关系管理、寻购策略、合同管理及执行监控也不相同。

供应商级别	供应商关系管理	寻购策略	合同管理及执行监控
战略供应商	·总部 ·战略联盟关系；经常沟通	·总部集中开展寻购和框架协议谈判	·总部统一合同条款及文本 ·总部每月监控企业采购执行遵从情况
主力核心供应商	·总部 ·长期稳定关系；经常沟通	·总部集中开展寻购和框架协议谈判	·总部统一合同条款及文本 ·总部每月监控企业采购执行遵从情况
区域性战略供应商	·总部 ·战略联盟关系；经常沟通	·总部集中开展寻购于谈判	·总部统一合同条款·总部每季度监控企业采购执行遵从情况
一般供应商	·企业 ·商品市场竞争；定期沟通	·企业开展寻购和谈判或即时采购	·针对企业负责寻购；统一合同条款，总部每年监控企业采购执行遵从情况

图 7-5　与供应商分类配套的相关管理原则

7.1.2　供应商评估与选择

供应商的评估与选择对整个供应链具有非常重要的影响，供应商提供的材料往往决定着最终产品的质量。因此，企业在选择、评估供应商应遵循一定的程序，如图 7-6 所示。下面我们便来了解一下供应商评估与选择的相关情况。

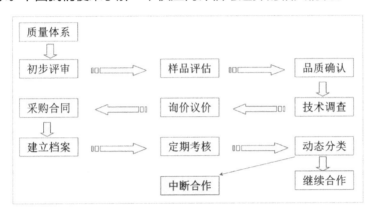

图 7-6　供应商的选择与评价程序

1. 评价

在选择供应商时，要对供应商进行全面的评估，以便确定一个最佳的供应商，进而降低采购的成本。那么，要对供应商的哪些方面进行评估呢？图 7-7 所示为供应商综合考评体系。可以看出，评估供应商主要是要考评供应商的业务能力、生产能力、质量体系、经营环境。

1）评估步骤

评估一个供应商的时候，一般会有 6 个步骤，具体内容如下。

(1) 确定评估的主要标准。比较典型的评估标准有成本结构、工艺能力、质量体系等。

(2) 建立权重。在确定了标准之后，还要赋予每个标准一定的权重，以便用来反映标准的重要程度。

(3) 确定评估项目和权重。赋予权重之后就要确定每个标准下的评估项目以及具体的权重。

(4) 定义计分系统。计分系统包括 8 大范畴，分别是公司总体情况、合作与服务、生产制造、物流与交货、技术研发、供应商管理、生态环保和质量体系。

(5) 评估供应商。完成以上的步骤后，便可以根据系统来评估供应商。

(6) 评审与决策。评估了供应商之后便可以确定最终选择与哪家供应商合作。

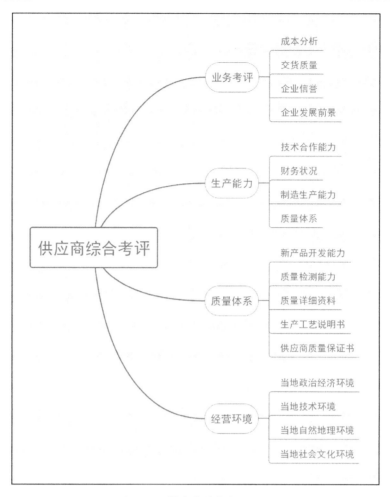

图 7-7 供应商综合考评体系

2）评估表

表 7-4 所示为评估表示例，其中包括 8 项评估标准、项目。

3）评估方法

评估供应商的方法有很多种，包括直观判断法、招标法、协商选择法、采购成本法、作业成本法、人工神经网络算法、多目标数学规划法、线性权重法等。

其中，直观判断法、招标法、协商选择法这 3 种方法的比较如表 7-5 所示。从图中可以看出，这 3 种方法各有各的优缺点，企业可以根据它们的优缺点和适用范围选择合适的方法来评估供应商。

采购成本法主要指的是针对质量和交货期都能满足要求的供应商，而作业成本法则主要是通过分析供应商的总成本来选择合作伙伴。

表 7-4　评估表示例

评估标准/项目	权　重	项目权重	分数(5 分制)	加 权 分	小计分数
质量系统					
经营管理能力					
财务状况					
成本结构					
交付能力					
技术/过程能力					
信息系统能力					
其他方面					
供应商总得分：					

表 7-5　评估法比较

方　法	优　点	缺　点	适用范围
直观判断法	直接、简便、快捷	太具主观性、容易导致选择结果的不公正	适用于选择非主要原材料的合作伙伴
招标法	公平、公正、公开；充分竞争、优中选优；提高质量，降低成本	手续复杂，时间长，不能适应紧急定购的需要，定购机动性差	适用于选择订购数量大、合作伙伴竞争激烈的合作伙伴
协商选择法	订购双方可充分协商，能有效保证货物质量和交货期	选择范围有限，不一定能得到价格最为合理、供应条件最有利的供应商	适用于采购时间紧、投标单位少、竞争程度小、订购物资规格和技术条件复杂的原材料采购

2. 选择

评估了各家供应商之后，便可以选择最优的供应商。下面我们看一下选择供应商的相关情况。

1) 影响因素

一般来说，影响企业选择供应商的因素有多种，主要可以分为 3 个方面的因素，分别是产品因素、交易因素和其他因素，如图 7-8 所示。

另外，企业在选择供应商时还应该考虑供应商的供货能力、供应商的信誉以及历来表现、技术力量、通信系统等。

图 7-8 影响供应商选择的因素

2) 选择指标

选择供应商既有短期的标准，也有长期的标准。短期的标准主要包括商品的质量、采购成本、交货是否及时、整体的服务水平和履行合同的承诺能力。长期的标准则有以下 3 点。

(1) 供应商的财务状况是否稳定。

(2) 供应商内部组织与管理是否良好。

(3) 供应商的人员状况是否稳定。

3) 选择流程

选择最佳供应商一般需要经过 10 个步骤，具体内容如图 7-9 所示。

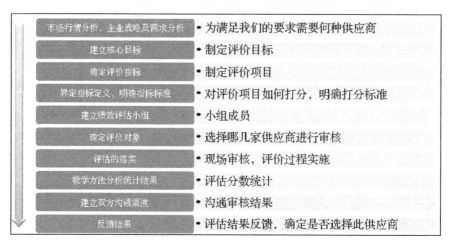

图 7-9 供应商选择流程

4) 选择原则

供应商的选择应遵循一定的原则，具体包括十大原则，即全面系统、科学简明、稳定可比、灵活可操作、门当户对、半数比例、供应源数量控制、供应链战略、学习更新和全面了解。

7.1.3　供应链管理

供应链管理主要指的是通过利用相关技术全面管理供应链中的物流、信息流等，其主要目的是在保持服务水平不变的前提下，将整个供应链的成本降低，并将供应链中的各个职能部门有机结合，最大程度地发挥供应链的整体作用。

下面，我们来看一下供应链管理的相关内容。

1. 时代背景

通过了解供应链管理的时代背景，我们可以更深入地了解供应链管理发展的来源和趋势。那么，供应链管理的时代背景有哪些呢？其主要包括 3 个方面，具体内容如下。

1) 全球一体化

目前，全球一体化的程度越来越高，跨国企业越来越多，跨国经营的形式也越来越普遍，如在制造行业中，产品的设计在日本，原材料可能来自中国、巴西等国。而在这种情况下，便可能形成一条复杂的生产供应链，这时供应链的管理就显得尤其艰难。如果不能进行有效管理的话，便很容易形成"牛鞭效应"。

2) 横向产业模式的发展

现如今，纵向产业发展的模式已经在慢慢消失，横向产业模式正在不断发展。如汽车产业，越来越多的汽车零部件供应商在整车供应商中脱离出来，形成零部件制造业中的巨头。

也就是说，目前几乎已经不存在由一家企业掌握供应链中的所有环节，而是每个环节都由多家企业掌握核心优势能力。现在的供应链便是由这些有着核心优势的企业连接而成的。

3) 企业 x 再造

以往的管理中存在着两大弊端，即部门条块分割和森严的等级制度。现在这个时代是一个信息技术飞速发展的信息时代，这个时代最主要的特点便是信息共享和透明化的内部流程。企业 x 再造主要指的是通过互联网技术的发展，将信息共享、协同合作的观念融入供应链的管理中。

2. 供应链管理的基本内容

供应链管理主要包括五大基本内容，分别是计划、采购、制造、配送、退货，如图 7-10 所示。

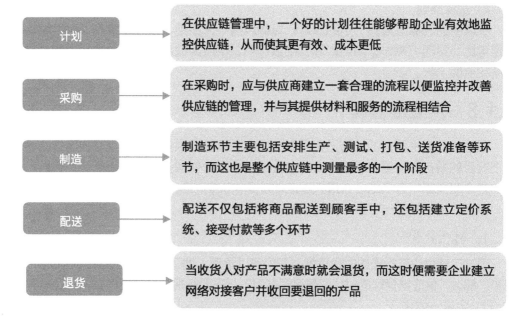

图 7-10 供应链管理的五大基本内容

3. 供应链管理的方法

供应链管理的方法是早于供应链管理理论出现的。在最开始的时候，供应链管理是以方法的形式出现的，而后供应链管理理论才发展起来。目前，常见的供应链管理方法主要有两种，分别是快速反应和有效客户反应，具体内容如下。

(1) 快速反应(Quick Response，QR)。

买方市场中，会出现多品种、小批量的情况。在这种情况下，物流企业所要做的不是储备好买方市场需要的产品，而是将这种要素准备齐全。当买方提出要求时，企业便可以很快地将各种要素组合起来，进而将相关的产品提供给买方。

(2) 有效客户反应(Efficient Consumer Response，ECR)。

有效客户反应主要强调的是供应商和零售商的合作。通过双方的合作来协调供应链中的相关环节，进而在最短的时间内，在满足客户需求的基础上，应对客户的需求变化。有效客户反应理论的产生主要是起源于美国的一次食品行业的危机。因此，有效客户反应最早是在食品行业中应用的。

作为供应链管理中常见的两种管理方式，这两种方式既有相同的地方，也有差异。下面，我们便来看看两种方式的差异和相同点。

(1) 差异。

两种管理方式所针对的行业不同。QR 主要针对纺织和商品行业，而 ECR 则是针对食品行业。不同的行业，其管理的细则、目标也会有所不同。具体来说，两种管理方法主要的差异体现在 4 个方面，详细内容如下。

①　侧重点不同。QR 的侧重点在于响应客户需求的时间，强调快速；而 ECR 的侧重点则在满足客户的基础上，最大程度地减少运行过程中产生的费用，提高供应链运行的有效性。

②　管理方法的不同。QR 的管理方法主要是快速补发，缩短产品上市的时间；而 ECR 一方面是要快速且有效地引进新的产品，另一方面还要实行有效商品管理。

③　适用的行业不同。前面说过，QR 和 ECR 两者所集中的行业不同。此外，QR 主要适用于一些季节性强、可替代性差的行业，而 ECR 则适用于那些产品单位价值低、库存周转率高、毛利少、可替代性强且购买率高的行业。

④　改革重点不同。QR 改革主要是为了最大限度地消除缺货的问题，因此其重点在于补货和订货的速度；而 ECR 改革重点则是在于管理的效率和成本。

(2)　相同点。

这两种管理方法超越了企业之间的界限，强调通过合作来实现物流的效率化，具体表现在以下 3 个方面。

①　商业信息可以在贸易伙伴之间共享。

②　供应方与零售业的距离进一步拉近，供应方也在慢慢地涉足零售行业，并为客户提供高效的物流服务。

③　两种管理办法中的订货、发货环节都是由电子数据交换(Electronic Data Interchange，EDI)来完成，实现了订货、出货数据的传送无纸化。图 7-11 所示为电子数据交换示例图。

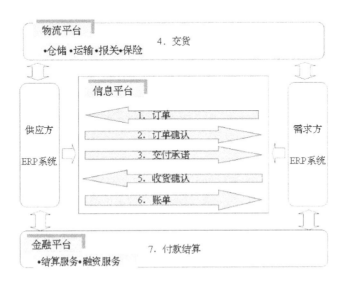

图 7-11　电子数据交换示例图

图中的 ERP 系统指的是企业资源计划，英文全称为 Enterprise Resource Planning。该系统主要是以信息技术为基础，然后结合先进的管理思想，给决策层和员工一个能够提供决策手段的管理平台。

4. 供应链管理中的关键环节

供应链不仅涉及一个企业，它其实是一个复杂的系统，连接着不同目标的众多企业，并且还牵扯到企业的方方面面。因此，在进行供应链管理的过程中，要明确管理的关键问题，厘清管理的思路，这样才能很好地实施供应链管理计划。

具体来说，供应链管理主要有 7 大环节，即配送网络的重构、配送战略问题、供应链集成与战略伙伴、库存控制问题、产品设计、信息技术和决策支持系统以及顾客价值的衡量。

5. 供应链管理的发展趋势

供应链管理在目前的企业物流发展中占有重要地位，主要是因为到目前为止，供应链管理是企业物流发展的最高级形式。众所周知，供应链管理是复杂的、多变的，但是很多企业在其中还是积累了很多的经验并取得了很多显著的成效。

目前，供应链管理的发展趋势主要包括以下几种，具体内容如图 7-12 所示。

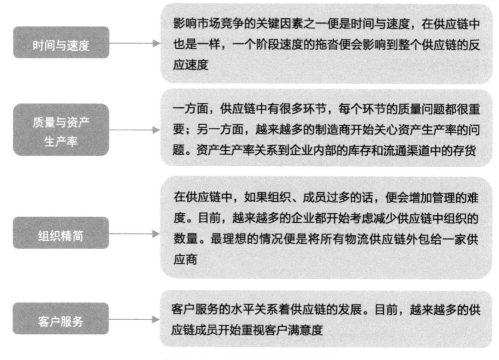

图 7-12　供应链管理的发展趋势

6. 供应链管理的运行机制

供应链管理的运行机制主要包括 6 个方面，分别是合作机制、决策机制、激励机制、自律机制、风险机制和信任机制。

供应链中涉及许多的企业、许多的环节，因此在供应链中，各企业可能会因为信息的不对称、市场的不确定性等因素产生各种风险。当风险出现的时候，企业便需要采取一定的措施来规避这些风险。那么，具体应该采取哪些措施呢？图 7-13 所示为规避供应链中风险应采取的措施，管理者可以使用这些措施来防范供应链中的风险。

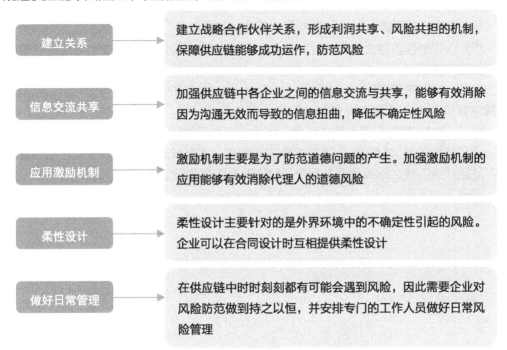

图 7-13　规避供应链中风险应采取的措施

7. 供应链管理理论

前面说过，供应链管理理论出现的时间晚于供应链管理的方法。那么，供应链管理理论的起源是什么？其发展历程又是什么呢？

针对供应链管理理论的起源，学界至今仍有争论。有的学者认为，供应链管理理论主要来源于两个方面。一方面是供应链管理理论是沿着实体分销和运输的发展而发展起来的；而另一方面是供应链管理理论是随着对分销和物流中全面成本的研究而发展起来的。

供应链管理理论发展主要有 4 个阶段，分别是孤岛阶段、供应环阶段、内部供应链集成阶段和扩展供应链阶段，具体内容如下。

1) 孤岛阶段

顾名思义，在孤岛阶段，企业之间缺乏信息沟通，而且这个阶段中没有明确职位职责和职责定位。因此，在这个阶段中，可能存在下述几种情况。

(1) 企业管理层无法制定出企业发展的长期规划，只能给出一个模糊的发展目标和方向。

(2) 供应链中的企业没有计划性，因此生产执行都比较随意。

(3) 员工没有对销售预测信息进行严格的核对，因此容易因为乐观的销售预估而导致库存过多。

(4) 在产品设计等过程中，各部门之间的沟通不畅。

(5) 仓库中会留存大量的库存，且员工缺乏培训，装卸货物时缺乏计划性，导致装卸的效率降低。

此外，只有简单的 MRP(Material Requirement Planning，物资需求计划)物料需求系统，生产计划也没有具体到日，仅仅是月计划。而且也只有 BOM(Bill Of Material，物料清单)和订单完成的数据，也有可能导致出现"孤岛"现象。

值得注意的是，MRP 所需要处理的问题是：生产什么？要用到什么？已具备什么？还缺什么？什么时候需要？另外，MRP 系统主要包括输入、输出、处理 3 个环节，如图 7-14 所示。

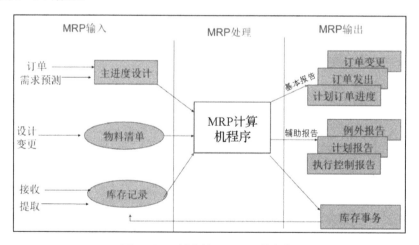

图 7-14 基本的 MRP 系统框架

2) 供应环阶段

在这个阶段，出现了真正意义上的信息流，并且也定义了企业中各个职能部门的职责，但是各个职能部门之间联系还是不够紧密。此外，在这个阶段中，每个部门都是一个环，因此被称为供应环，还没有形成供应链。客户与供应商之间也没有形成伙伴的关系。因此，在这一阶段中，相关的企业可能会出现以下这几种变化。

(1) 企业可以开始控制库存了，并且仓库的人工操作部分由全自动或半自动设备代替。

(2) 采购部门为了降低采购的成本会制定并实施相应的采购策略。

(3) 物流部门也会在考虑运输费用的基础上衡量可供选择的供应商。

(4) 销售部门可能会相对准确地获取并分析预测信息。

(5) 开始应用 MRPII(Manufacturing Resource Planning，制造资源计划)等相关计划。

MRPII 是一整套的生产经营管理计划体系，主要用于对制造业企业的生产资源进行有效管理，其系统的逻辑流程如图 7-15 所示。

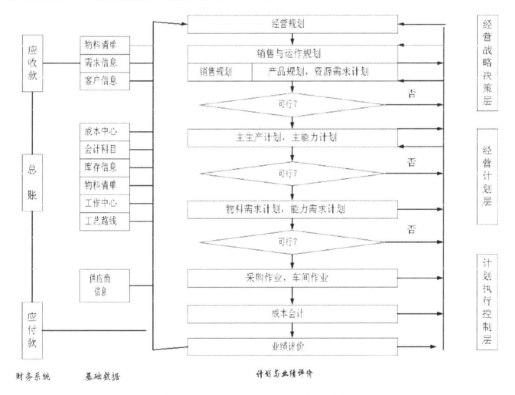

图 7-15　MRPII 系统的逻辑流程图

3) 内部供应链集成阶段

在这个阶段，业务流程集成和 S&OP(Sales & Operations Planning，意思是销售与运营计划)开始被各大企业所关注。而在这一阶段中，各大企业可能会发生以下几种变化。

(1) 使用相关的软件使得各企业之间的合作变得更加的紧密、高效，如 ERP(Enterprise Resource Planning，企业资源计划)。ERP 是在 1990 年由美国的一家公司提出的。最初，ERP 被定义为应用软件，其发展历程如图 7-16 所示。图 7-17 所示为 ERP 的总体应用框架。

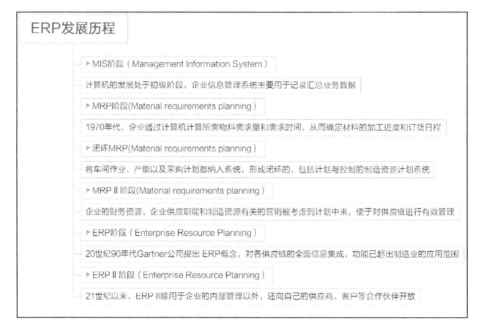

图 7-16　ERP 的发展历程

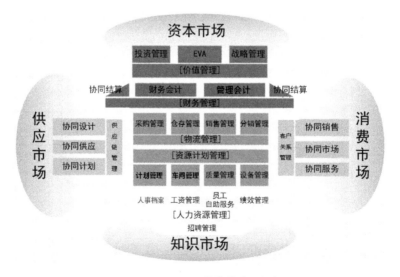

图 7-17　ERP 的总体应用框架

(2) 产品设计不仅有研发部门参与，其他各个部门也有参与进来，如市场销售部门、采购部门等。

（3）能够更好地控制仓库的库存，且仓库的自动化程度进一步提高；也能更好地预测市场的需求，进而更好地完成订单。

（4）进一步完善物流的费用，在控制物流费用的前提下顺利完成任务订单，保证客户的满意度。

从上述内容可以看出，在这一阶段，企业间内部的交流进一步加强，流程也整体化，并且还利用第三方供应商来降低物流费用。

4）扩展供应链阶段

这一阶段，并不仅仅是内部形成供应链，各大企业之间的壁垒也被打破，同时也扩展了供应链。该阶段中的核心企业互相合作，实现了协同计划、设计、补货和配送的整合。值得注意的是，这个阶段的企业可能会发生以下几种变化。

（1）针对某一种产品，供应链中的核心企业与上下游的相关企业，即客户和供应商，达成协同合作关系，

（2）在这一阶段，企业开始广泛运用大量的信息技术和软件工具，例如 POS机，如图 7-18 所示。POS(Point of sales，销售点)机中的信息可以快速地发送到共享数据库之中，这样便可以快速地安排供应商去补货，并作后续的安排。

图 7-18　POS 机

（3）在这一阶段，企业之间的竞争不仅是公司之间的竞争，而是供应链之间的竞争。

8. 供应链管理的基本要求

供应链管理有两大载体，分别是计算机信息系统和物流配送中心，而基本要求主要有 3 点，分别是信息资源共享、提高服务水平、实现双赢，具体内容如图 7-19所示。

9. 供应链管理的步骤

供应链管理还有一定的步骤，具体来说主要有 6 步。下面笔者便针对这 6 步作一简要介绍。

（1）供应链管理的第一步便是要做好企业资源管理(ERP)。ERP 系统是由订单管理、生产派工等多个环节构成的，其主要有 6 大核心内容，分别是工程数据管理、生产管理、项目管理、客户服务管理、物资管理和财务管理。图 7-20 所示为某 ERP 整体业务架构图。从图中可以看出，该架构图主要包括消息中心和条码中心两个部分。

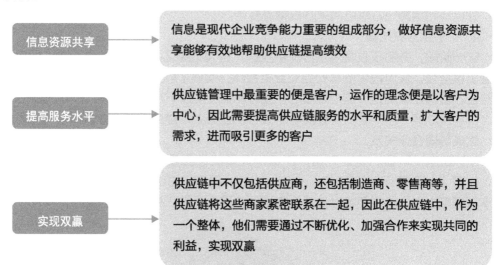

图 7-19 供应链管理的基本要求

图 7-20 某 ERP 整体业务架构图

(2) 第二步便是同步采集并实时分析相关数据，即 B2B(Business-to-Business，企业对企业之间的营销关系)、EAI(Enterprise Application Integration，企业应用集成)、EIP(Enterprise Information Portal，企业信息门户)等。

B2B 是一种进行数据信息交换、传递，并开展交易活动的商业模式。一般来说，B2B 多用于企业与企业之间，主要是通过专用网络使用。图 7-21 所示为 B2B 流程。从图中可以看出该流程主要有九大步骤。

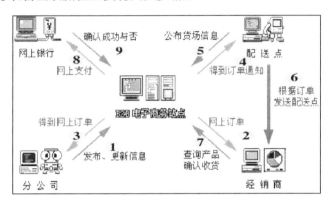

图 7-21　B2B 流程

(3) 第三步要做的便是在电子订单系统中接单。在国内，很多企业都会使用电子订单系统来接单。图 7-22 所示为电子订单系统。

图 7-22　电子订单系统

(4) 在接受订单之后，企业接下来要做的便是供应链规划。做好供应链规划能够使企业有计划地去完成订单，满足客户的需求。

(5) 在进行了供应链规划之后，接下来要做的便是包括管理采购订单在内的

SRM(Supplier Relationship Management，供应商关系管理)。SRM 贯穿于整个采购过程。图 7-23 所示为采购业务周期与供应商生命周期管理闭环图。企业可以通过这幅图来更好地升级管理机制，从而提升企业的核心竞争力。

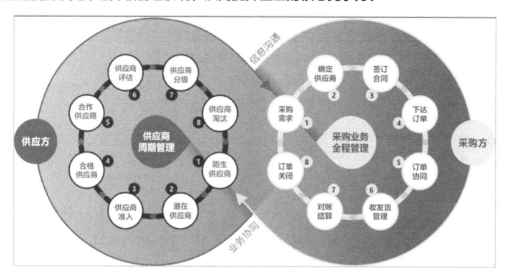

图 7-23　采购业务周期与供应商生命周期管理闭环

SRM 不仅能够帮助企业管理供应商，还可以进行采购管理、战略寻源等。此外，SRM 还有以下几种用途，如图 7-24 所示。

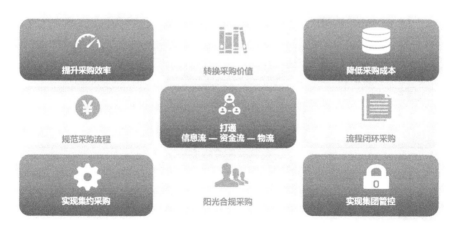

图 7-24　SRM 的用途

值得注意的是，供应商关系管理主要有 7 个价值驱动要素，其重要程度排序如图 7-25 所示。

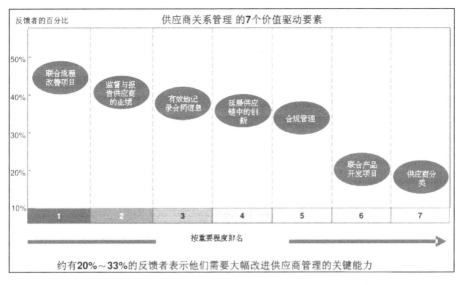

图 7-25　供应商关系管理的 7 个价值驱动要素的重要程度排序

(6) 第 6 步也即最后一步，主要做的便是供应商库存管理。制造商在使用了 VMI 后，能够降低订货成本、提高客户服务水平，并且制造商还能集中精力提升整体服务水平，数据处理的速度和准确性也得到了明显提高。除此之外，在 VMI 模式下，不仅降低了整体物流成本，现金流也得到了改善。如图 7-26 所示为 VMI 库存管理流程图。

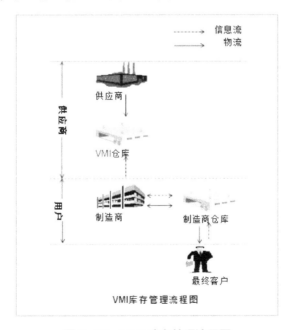

图 7-26　VMI 库存管理流程图

与传统的业务模式相比，VMI 模式有很多优势。下面就采购订单和存货透明度两个方面来比较一下两种模式的区别，如表 7-6 所示。

表 7-6　两种模式的比较

比较项目	传统业务模式	VMI 模式
采购订单	在传统的库存管理模式下，客户通过采购订单来订购自己需要的物料和数量	在 VMI 模式下，供应商负责订单的投放，客户只提供需求预测和要货申请
存货透明度	客户只有在有需求的条件下，才会将采购订单传送给供应商，因此不会和供应商共享其需求和存货信息	供应商可以实时地了解客户的库存水平，也可以掌握客户存货的消耗时间、地点和数量

7.1.4　供应商绩效考核

在选择供应商之后，为了更好地发挥供应商的作用，在供应商管理的过程中，需要做好供应商的绩效考核工作。绩效考核的主要范围是供应商交货的质量与表现、支持与服务、参与产品开发的表现等。简而言之，绩效考核考核的是从订单交单到产品开发的全过程。

企业进行绩效考核主要是为了确保供应商供货的质量，基本原则为持续定期检查、评估供应商的整体运作和全方位衡量评价。一般来说，考核供应商绩效主要包括4 个指标，具体内容如下。

(1) 质量指标。质量指标主要包括抽检产品的合格率、免检率等指标。

(2) 供应指标。供应指标主要包括交货的相关指标和供应的相关指标。

(3) 经济指标。经济指标主要是价格、成本方面的指标，分别包括价格水平、分享降价和付款的情况等。

(4) 支持、配合与服务指标。这方面的指标主要包括反应表现、沟通手段等。

7.2　规范制造：应对市场动态变化

制造商作为供应链中重要的一环，有些企业会选择一些优秀的制造商，然后将生产外包出去。在这种情况下，便需要对制造商进行规范，这样才能更好地应对市场的动态变化，降低成本，提高竞争力。

7.2.1　利用生产外包提升效率

在很长的一段时间内，我国的许多企业都是作为被外包的制造商，主要是负责一些简单、重复的组装和生产任务，而设计和研发等核心技术都是由国外的企业完成的。因此，我国正在积极大力促进产业升级、转型，由制造走向研发，走向供应链的上游，并在供应链中掌握主导权。

目前，随着我国经济的不断发展，我国的企业也逐渐将生产外包出去，将企业发展的重点放在产品的研发和营销上。生产外包可以说是中国供应链发展的一大趋势。下面我们来了解一下生产外包的前提条件、步骤和优势。

1. 前提条件

并不是所有的企业都能够成功实施生产外包，要想成功实施生产外包，还需要企业具备一定的前提条件。具体来说，前提条件主要包括以下几个方面，如图 7-27 所示。

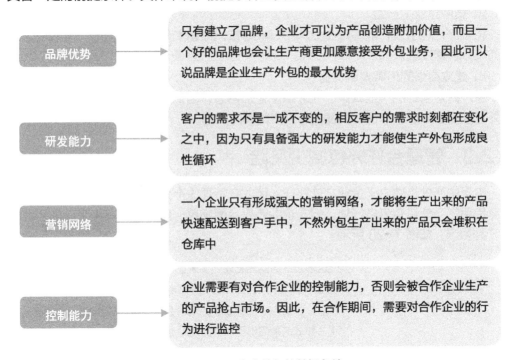

图 7-27　生产外包的前提条件

当然，生产外包不仅对生产企业有一定的要求，对被外包的企业也有一定的限制条件，并不是所有的制造商都能够被选择。对制造商来说，其要求主要是制造商必须具备强大的生产能力，其中包括先进的生产设备、合格的工艺技术、操作熟练的员工、良好的合作信誉等。

2. 步骤

企业在选择制造商时主要有哪些步骤呢？一般来说，企业在选择制造商时，其步骤主要包括确定制造商类型、寻找外包制造商、实地检查制造商环境、决定制造商备选、制造商报价、对制造商制造的样品进行认证、小批量产品生产认证、外包制造商认证、跟踪并改进质量等。

3. 优势

随着技术的不断发展、产品类型的不断丰富、企业的不断发展壮大，生产外包的程度会越来越高。那么生产外包的优势有哪些呢？具体有以下几点。

1）降低生产成本

生产外包能够帮助企业大幅减少财力、人力方面的资金投入，增加资本运营的回报率，而且生产外包一般工人的工资相对较低，规模化的生产也会降低生产的成本。

2）集中企业生产力

将生产外包出去，能够让企业集中在核心技术和附加值高的业务上，从而使企业业务得以快速发展。

3）建立更强的招聘渠道优势

生产商对当地的一些政策、人才情况更加熟悉，因此在招聘时更具优势，而且生产外包还能够降低季节性、突发性等生产招聘的风险。

7.2.2 管理合作外包减少风险

由于生产外包独立于企业之外存在，因此在管理生产外包时存在着一定的困难。虽然使用生产外包有诸多好处，但是企业还是会面临着一些困难。具体来说主要有以下 3 种困难，如图 7-28 所示。

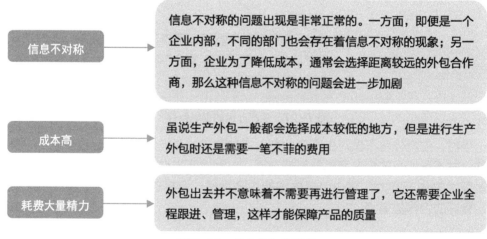

图 7-28　生产外包的困难

除此之外，生产外包还会产生一定的风险，其主要是因为人们的认识能力有限、信息存在着滞后性以及外包的各种不确定性。图 7-29 所示为常见的 IT 外包风险。

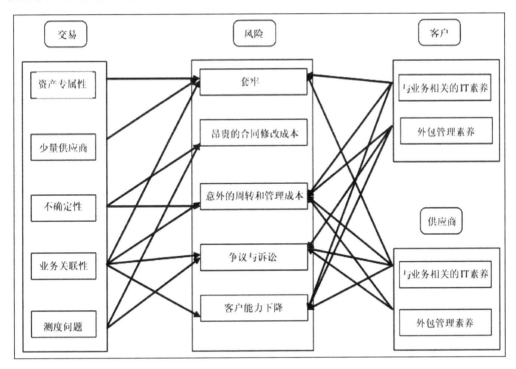

图 7-29　常见的 IT 外包风险

为了应对外包风险、解决外包困难，在生产外包时需要慎重考虑、仔细斟酌。具体而言，主要应该考虑以下这几方面的因素。

1）产品价格

产品价格在整个供应链中占有重要的地位，对供应商有着非常重要的影响，是外包生产商的命门。因此，抓住产品价格这一命门，就能够让生产商有效地降低生产的成本。

2）交货数量

企业生产外包最主要是为了外包企业能够保质保量地生产出相应的产品。一般来说，当企业进行生产外包的时候，会先制订一套生产的计划给外包企业，然后外包企业按照该计划进行生产。但是，如果中途客户的需求发生变化，那些已经生产的产品应该怎么处理？这就需要企业提前制定好相应的方案。

3）交货日期

交货日期也是非常重要的一个因素。在交给外包企业生产计划的时候，便会要求企业必须在规定的时间内交货，如果外包企业不能够按时交货的话，便会耽误企业的时间。因此，企业可以考虑安排一个驻厂工程师，来监督外包企业的生产。

4) 产品质量

质量问题对一个产品来说，是非常重要的。可以说，质量是一个产品的生命，也是企业的生命，因此企业在产品质量方面一定要严格把关。

7.2.3 实行生产外包驻厂管理

企业派去进驻供应商的驻厂人员，平时的工作主要有两项，即质检与跟单。质检是指驻厂人员负责监控供应商制作产品的质量情况，全程参与品质管理和把控。图 7-30 所示为质检流程图。跟单则是指驻厂人员要负责跟进生产进度，确保供应商能按时完成订单。和普通管理相比，驻厂管理主要有以下 4 方面的优势。

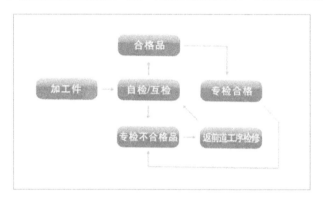

图 7-30　质检流程图

(1) 能够及时解决问题。

由于驻厂人员就在供应商企业上班，因此能够全程参与生产，一旦产品出现问题，他们可以及时跟进解决，保证对故障问题的快速跟进和及时处理。

(2) 能够保证产品的质量。

驻厂人员通常由经验丰富的 SQE(Supplier Quality Engineer，供应商质量工程师)工程师担任，他们对产品标准和质量管理非常了解，能够全程监控质量管理情况，因此可以保证产品的高质量。

(3) 能够与供应商保持良好的沟通。

驻厂人员由于长期和供应商的工作人员接触，并且一同负责产品的设计和生产任务，因此相互之间比较了解，沟通起来更加顺畅。

(4) 能够协助供应商及时完善不合理的环节。

驻厂人员全程监督产品的生产环节，对产品的制造流程非常熟悉。他们会经常在生产线上巡视，一旦发现异常或者不合理的地方，可以立即向供应商反馈，避免大批量产品出现质量问题。

供应商的 3 个主要生产环节需要驻厂人员全程监督，包括新产品导入管理(New ProductionIntroduction，NIP)、量产管理(Mass Production，MP)以及项目停产处理(End of Life，EOL)等，具体内容如下。

(1) 新产品导入管理。

新产品导入管理，指的是新产品导入阶段的管理，新产品导入阶段也就是人们通常所说的试产阶段。任何产品的质量都不可能一次达标，必定需要经过数次打磨、完善之后，才能满足批量供应的要求。

在新产品的导入过程中，要先成立产品质量策划与控制计划小组，其由研发、生产、工程、品管、采购、市场、计划等部门的人员组成，人数一般在 7～10 人。然后制定严格的项目计划表，一步步确认生产线的配置及产能规划等。在此过程中，驻厂人员要全程参与并监督。

(2) 量产管理。

产品通过试产合格后，自然就会进入量产阶段。在量产过程中，驻厂人员不再需要时刻紧盯着流水线，因为流水线上的组长、员工以及质检人员都已经了解了自己的工作内容和质量标准。驻厂人员只需查看员工操作是否符合规定，并且按照相应标准抽样检验成品质量即可。确认产品质量合格，即可在预定时间内完成出货。

(3) 项目停产处理。

项目停产时，驻厂人员应当提前通知供应商，做好扫尾工作，以便供应商能够对剩下的物料进行清点，尽量减少库存，同时对未来的生产计划进行预估和调整。

7.2.4 发展企业自身核心技术

核心技术是所有企业都想要的东西，是企业竞争的关键，也是企业安身立命之本。核心技术不能凭借买卖获取，需要企业自主研发。因此，只有将技术牢牢地掌握在自己手中，才能在激烈的市场竞争中站稳脚跟。

在拥有核心技术之前，做外包是不得已的选择，这也是一种可靠的选择，因为这样可以积累一定的资本，为后期的发展奠定基础。美国、德国、日本等知名企业最初也曾有过做外包的经历，在拥有了属于自己的核心技术后，才获得了今天的地位。核心技术并非一朝一夕就能获得，而是需要长时间的积累做铺垫。

第8章

客户：

确定精准人群

企业之所以存在，主要是为给客户创造价值。如果企业能够给客户创造出独特的价值，那么其利润自然便会产生。因此，不管是企业的发展还是供应链管理，都要以客户为中心。

8.1　分级管理：增强市场营销能力

客户是供应链的核心，对其进行分级管理有利于企业更好地了解客户的需求信息，提高企业的管理绩效，并增强企业的市场营销能力。本节我们便来了解一下分级管理的基本情况。

8.1.1　打造以客户服务为核心的体系

很多企业以及管理者都会陷入一些误区，如他们认为供应链管理仅仅只是去管理供应商便可以了，其实并不是的。供应链包含许多环节，不仅仅是供应商，因此供应链管理也不仅仅是管理供应商，而且其管理非常复杂，管理者要考虑的问题也非常多，需要相关人员进行周密的设计与规划。

一般来说，在进行供应链管理的过程中，其工作需要围绕着以下 3 个核心问题来展开。

(1) 了解并明晰客户真正的需求。

(2) 设计一个完善的供应链的运营模式。

(3) 对供应链进行优化，以便提升企业的盈利能力。

值得注意的是，这 3 个核心问题也体现了供应链设计的基本原理，分别包括 3 个阶段，即供应链设计之前、供应链设计和供应链设计之后，而这 3 个阶段是管理者进行后续工作的基础。也就是说，在管理者进行管理的过程中，出现的任何问题都能够在这三大核心问题中找到答案。

了解并明晰客户的真正需求是第一步。在供应链工作之前，要明确并了解客户真正的需求是什么，这样才能更好地管理供应链。客户的需求是千变万化的，不能用固定的思维去对待。如果不能真正了解客户的需求，那么生产出来的产品也就不会有客户喜欢了。

在了解了客户真正需求之后，便要设计供应链的运营模式了。目前来说，供应链的运营模式有 3 种，分别是供应商管理库存(VMI)模式、联合库存管理(JMI)模式和协同式供应链库存管理(CPFR)模式。这 3 种模式前文已经讲述过，这里就不再赘述了。

盈利是企业的最终目标，任何商业活动最主要的目的就是为了获利，供应链也不例外。供应链既要充分满足客户的需求，还得给企业带来盈利。过去有很多的企业为了满足客户的需求，往往会加大生产力度，但是因为短时间无法卖出，便全部都积压在仓库中。这种方式虽然能够最大程度地满足市场客户的需求，但是不利于企业获利，因此需要采取一定措施来优化。

要想真正发挥供应链的价值，便需要企业站在客户的角度，满足客户的需求，不损害客户的利益。如果以损害客户的利益来发展，这样虽然能够在短时间内获得利益，但是从长远来看，这是不合格的，不利于企业的长久有效发展。

影响客户选择的因素有很多，包括产品的售后服务、产品的价格、产品的规格等。企业管理者要多了解影响客户选择的因素，并思考以下几个问题。

(1) 公司生产的产品能否满足市场与客户的需求？

(2) 公司产品的销路是否稳定？

(3) 公司生产的哪些产品需要进一步优化？

(4) 公司应该怎么管理供应链使其发挥最大的价值？

8.1.2　建立以客户为中心的供应链

目前来说，需求型供应链已经成为供应链发展的一大趋势，毕竟在供应链中，客户是建设的重点，其核心也是为了满足客户的需求。另外，需求型供应链主要是以客户为中心，将客户的需求作为计划的依据，不能仅仅依靠过往的经验，毕竟人是多变的。

需求型供应链的优势在于其能够适应市场的变化，从而最大程度地减少库存的压力，使企业能够灵活应对市场需求，及时调整策略并改变战略方向。

在传统的供应链模式中，企业的实施步骤主要包括 3 个方面，分别是考察市场、制订计划、销售产品。考察市场是为了能够更好地挖掘出市场中客户的需求，从而找到合适的方向；而制订计划主要是为了做好生产准备，并备好库存。值得注意的是，在传统的供应链模式中存在许多的缺点，其中一个比较严重的缺点便是对市场的调研比较少，在生产上比较盲目。

随着科技的发展以及全球化进程加快，人与人、企业与企业之间的交流变得更加容易，人们也可以更容易地了解市场需求。传统供应链模式的中心是产品，而未来的供应链必定是以客户需求为中心。因此，未来企业需要构建以需求为中心的供应链模式。

与传统的供应链相比，未来的供应链将会让客户参与进来，整个供应链的起点和终点都将是客户。

要想建立需求型的供应链，企业需要做好以下几项工作。

1. 保持沟通渠道畅通

需求型供应链是以客户为中心的，生产的产品主要是为了满足客户的需求，因此需要客户参与进来。充分听取客户的声音，了解他们的需求，才能真正研发出让客户满意的产品。只有研发生产出了客户满意的产品，才能从根本上来解决供应链的效率问题。

越来越多的企业开始关注客户的声音，力图拓宽倾听客户声音的渠道。目前，企业多通过调查问卷、征集网络意见、邀请内测等方式来了解消费者的需求。图 8-1 所示为网易云音乐 PC 版的内测邀请。

图 8-1　网易云音乐 PC 版的内测邀请

2. 保持信息的高度透明

在现在信息高度发达的时代，信息透明化程度越来越高。在供应链中，要想做好需求型供应链，那么便需要企业让自身的信息高度透明，这样才能让客户更加了解企业，进而喜欢上企业。

例如，小米创始人雷军曾经提出过："小米只赚 5%的毛利。"这一句话让广大客户都熟知了小米高性价比的特点。图 8-2 所示为小米公司的感恩季海报。

图 8-2　小米公司的感恩季海报

展望未来，一条功能完备的供应链，一定是信息透明化、可视化，并且客户能够参与的供应链，因为只有这样的供应链才能在市场中生存下来。

3. 重视各个环节的体验效果

前文讲过，需求型供应链是以客户为中心的。因此，客户不仅会参与供应链的管理，对于其中的各个环节，客户也会全程关注，因此供应链中的各个环节都要重视体验效果。

8.1.3　通过精益管理法实现分级管理

一般来说，企业都会对客户进行分级，主要是因为客户消费能力的不同，进行分级更容易进行管理。比较常见的方法是通过使用精益管理法，将供应链中的客户分为3 个等级。通过把客户分级，针对不同的客户，采用不同的对待的方式，这样才能让客户感觉到更加的舒适。

企业精益推进阶段主要包括 4 个环节，分别是精益现场、精益生产、精益管理和精益企业。此外，精益管理还包括 4 个阶段，精益管理 4 个阶段是打造精益班组管理、打造职能部门支持系统等如图 8-3 所示。

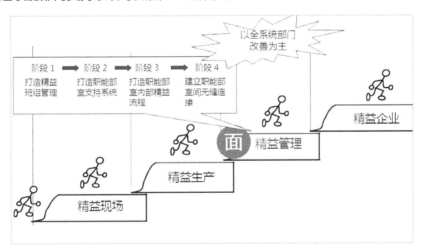

图 8-3　企业精益管理阶段

那么，怎样来对客户的等级进行评定呢？一般来说，企业可以通过 3 个方面来进行评定，分别是客户的消费习惯、客户的信用情况、客户群体的发展前景，具体内容如下。

1. 客户的消费习惯

在对客户的等级进行评定时，企业可以将往年的客户消费数据调出来，然后按照客户的消费频次、下单金额、消费习惯等进行排序。

图 8-4 所示为 2022 年 6 月前烘焙细分品类用户的消费频次和消费者单次购买花费的金额(数据来源：美团·新餐饮研究院)。

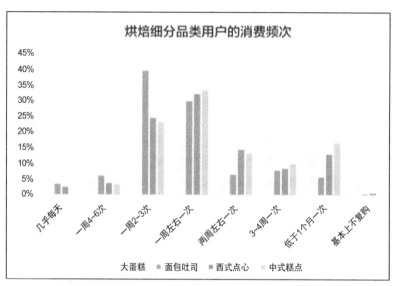

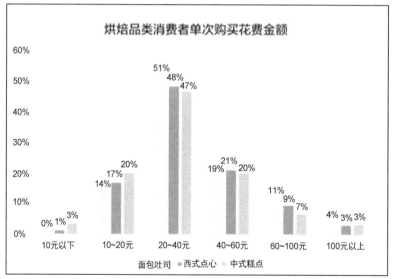

图 8-4 2022 年 6 月前烘焙细分品类用户的消费频次和消费者单次购买花费的金额

2. 客户的信用情况

除了要了解客户的消费习惯，还需要了解客户的信用情况，客户的信用主要包括有退货频率、退货总额、付款情况等，然后企业便可以根据这些情况对客户进行分级评定。客户信用情况较好的，评定等级较高；客户的信用情况较差的，则评定的等级较低。

3. 客户群体的发展前景

客户群体的发展前景也可以作为评定的一项依据。有的客户发展前景比较好，而有的客户其发展前景可能较差。

8.1.4 针对市场的不确定性建立防线

市场中存在很多的不确定性，而供应链要想更快更好地发展，就必须想办法消除市场中的各种不确定性，将供应链的风险控制在能够承受的范围内，这也是企业进行供应链管理的目的。

企业制定相关的制度、流程都是为了更好地应对不确定性、降低不确定性带来的负面影响。当企业中出现因不确定性产生的负面影响时，一般会出现两种情况，一种是反应迟钝，最终导致危机爆发。如由于领导的处事不公，员工都不愿承担责任，然后导致事件恶化。另外一种就是领导盲目自信，不同意员工的意见，一意孤行，最终使工作朝着错误的方向开展。

供应链管理便是通过梳理各个环节，然后消除其中的不确定性，为此业界创造了多种管理的模型，如 SCOR(Supply-Chain Operations Reference-model，供应链运作参考模型)。该模型最主要的目的便是加强供应链各企业之间的交流、协作，减少供应链中的不确定性。图 8-5 所示为 SCOR 模型。

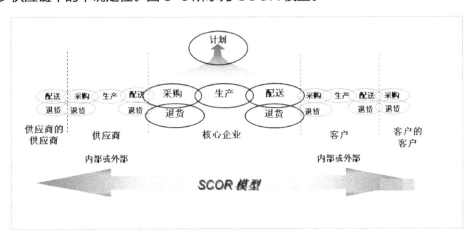

图 8-5 SCOR 模型

此外，为了最大程度地消除供应链中的不确定性，我们可以构建 3 道防线来维持供应链的正常运转。

1) 提高需求预测的精准度

只有提高需求预测的精准度，才能更加精准地了解客户的需求，进而减少不必要的生产活动。因此，企业应该整合各种信息、总结各种经验提高自身需求预测的能力，确保预测的精准度越来越高。

2) 库存和产能计划

第二道防线指的是库存和产能计划。如果第一道防线没有做好，没有精准地预测出需求的话，那便需要企业做好库存和产能计划来及时弥补。例如，企业可以设定安全库存、安全产能等。

3) 执行过程中修补

这是最后一道防线，这一道防线在执行时会付出很大的代价，但是能够及时地扼制问题蔓延。

8.2 关系管理：提高市场营销效果

一位管理学大师曾经说过，商业活动的本质是为了满足人类的某种需求。而供应链也是商业活动中的一部分，因此其也是要以客户为中心的。所以在供应链管理中，客户关系管理也是非常重要的一部分。这一节，我们便来了解一下客户关系管理的相关内容。

8.2.1 客户关系管理的基本内容

首先，我们应先了解一下客户关系管理的基本内容。客户关系管理(Customer Relationship Management，CRM)的主要目的是留住并巩固老客户、吸引新客户，其产生和发展的动因主要有以下 3 个方面，如图 8-6 所示。CRM 系统主要包括以下几个方面，如图 8-7 所示。

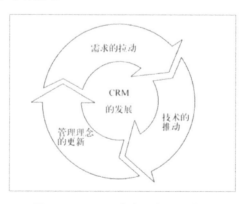

图 8-6 CRM 产生和发展的动因

图 8-7 CRM 系统

下面，我们来了解一下客户关系管理的含义、类型、优势和理论。

1. 客户关系管理的含义

什么是客户关系管理呢？一般来说，其有 3 层含义，具体内容如下。

(1) 客户关系管理主要体现了新型企业管理的指导思想和理念。

(2) 客户关系管理是创新的企业管理模式和运营机制。

(3) 客户关系管理是企业管理中信息技术、软硬件系统集成的管理方法和应用解决方案的总和。

2. 客户关系管理的类型

按照客户的类型，可以将客户关系管理分为两类，即 B2B CRM、B2C CRM 这两种客户关系管理类型，前者管理的对象是企业客户，而后者的对象是个人客户。两者的功能侧重如表 8-1 所示。值得注意的是，表中指出了 B2B CRM、B2C CRM 的区别，但是两者之间在业务和功能上还存在着一些共同点。

表 8-1 B2B CRM、B2C CRM 两者功能的侧重

B2B CRM	B2C CRM
为潜在客户的长期管理而构建； 其目的是为了能够更好地跟踪客户及其相关的联系人。不断提高成交的可能性和销售额，CRM 的目标是自动化销售流程并完成交易	通过各种营销活动实现长期稳定的销售； CRM 的重点是保持数据更新以及引入新的消费者，以帮助企业得到需要的数字和结果。持续性的销售是其业务重点

续表

B2B CRM	B2C CRM
可以根据沟通记录，购买历史、业务行为等对客户进行预测； 销售人员基本是逐一推进并完成的，每个稍有意向的客户都要进行评估，以确定他们成功签约的可能性	提供针对客户群的预测； 根据 CRM 系统内大量的数据进行客户画像，并且从大局出发来呈现销售报表。重点是与客户类型有关的购买历史和其他统计数据
支持明确但复杂的销售阶段管理； 销售过程中可能有许多不同的阶段，销售人员清楚地知道客户处于哪个阶段，以及在什么时候将他们推进到下一个阶段，这成为沟通中的一个重要因素	管理的销售阶段更少； 通常只有两个阶段：比如潜在客户或买家。由于产品简单易描述，且消费者数量庞大，所以跟进的过程并没有那么复杂
B2B CRM 支持个性化定制开发和集成； B2B CRM 相较于其他软件产品(如财务软件或 ERP)，更强调整合和对接，因此 B2B 产品必须灵活，支持定制开发以满足独特的业务需求，并需要考虑和其他软件或平台集成	B2C CRM 更强调标准化的数据和销售流程； 由于 B2C 有大量的数据流，这意味着 CRM 系统更能够以标准化(或行业标准化)形式来管理和跟踪大量的数据，并细化特定的销售流程

3. 客户关系管理的优势

为了了解 CRM 系统应用的具体情况，美国独立的 IT(Internet Technology，互联网技术)市场研究机构 ISM(Information Systems Marketing)曾经对 CRM 进行了跟踪研究，时间长达 13 年。

通过这 13 年的研究得出，CRM 的优势主要体现在年销售总额、管理费用等方面，具体内容如图 8-8 所示。

此外，CRM 系统的应用能够帮助企业将业务流程简单化，降低相关成本。图 8-9 所示为某 CRM 系统一站式管理的内容，包括了客户/代理管理系统和后台管理系统两部分。

专家提醒

　　图中 KYC(Know Your Customer，了解你的客户)，KYC 验证是一种实名认证的机制，主要是为了防止出现金融诈骗等行为；AML 的英文全称是 Anti Money Laundering，指的是反洗钱。

该 CRM 系统一站式管理的优点主要体现在以下几个方面，如图 8-10 所示。

运用 CRM 的前 3 年中，每个销售代表的年销售总额至少增长了 10%，且预计的销售成功率提升了至少 5%

运用了 CRM 的前 3 年中，在一般市场中，销售费用和管理费用都至少减少了 5%

通过运用该系统，企业的每笔销售至少都增加了 1% 的边际利润，且客户满意度也得到了提升

CRM 的优势

图 8-8　CRM 的优势

图 8-9　某 CRM 系统一站式管理的内容

图 8-10　某 CRM 系统一站式管理的优点

4. 客户关系管理理论

客户关系管理理论产生于美国，主要包括 6 个核心要点，分别是经销商主数据(经销商/直营)、终端门店主数据、销售目标管理、渠道管理、拜访计划管理和工作计划管理，如图 8-11 所示。

图 8-11 CRM 理论

8.2.2 客户关系管理的功能和作用

客户是供应链中非常重要的组成部分，对客户关系进行管理有利于促进供应链的发展，下面我们便来了解一下供应链中客户关系管理的功能和作用。

1. 功能

客户关系管理的功能主要包括了 3 个方面，分别是市场营销、销售和客户服务。下面我们针对这 3 个方面作简要介绍。

1) 市场营销

客户关系管理能够帮助企业分析目标客户，如目标客户的行业、职业、年龄层次和地域等信息，然后帮助企业进行精准营销，吸引更多、更精准的客户来关注、消费。

图 8-12 所示为客户分类。该分类主要将客户分为 4 类，分别是期望的客户、普通的客户、重复购买的客户和忠诚的客户。将客户进行分类也能更好地帮助企业进行

市场投资。

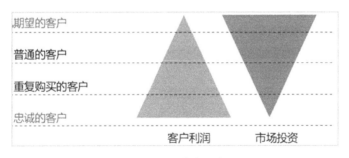

图 8-12　客户分类

2) 销售

在客户关系管理中，销售也是非常重要的组成部分。其包括多个方面，分别是潜在客户、订单、回款单等。图 8-13 所示为收入回款单。客户关系管理能够帮助管理人员有效提高公司的成单率、缩短销售的周期等。

收入回款单

客户名称：　　　　　　　　　　　　　　时间：

项 目 名 称	回款金额	未收金额	中心名称	业务负责人

出纳：　　　　　　　　　　　　　　交款人签名：

图 8-13　收入回款单

3) 客户服务

客户服务的功能主要是为了能够及时地收集客户的消费信息和客户的历史消费记录等，这样便可以在处理客户问题时有针对性，让客户能够满意企业的服务，进而提升企业的形象。

客户服务的主要功能包括客户反馈、满意度调查等。

2. 作用

目前，企业研发了许多种类的客户关系管理软件。不同的客户关系管理软件其功能存在着差异性，如有的软件具有办公管理、行政管理等功能。但是这些功能的创造只是为了方便使用者，与客户关系管理没有关系。

一般来说，客户关系管理的作用主要体现在以下几个方面，如图 8-14 所示。

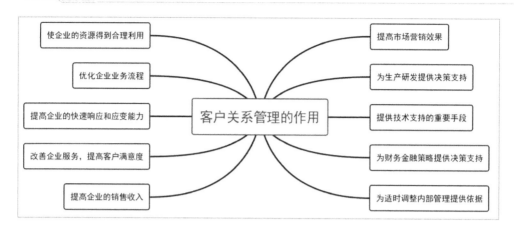

图 8-14　客户关系管理的作用

8.2.3　客户关系管理的流程技术

客户关系管理流程如图 8-15 所示。另外，客户关系管理的关键在于了解客户的需求。

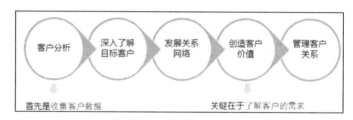

图 8-15　客户关系管理基本流程

客户关系管理还需要一定的技术支持，其中关键技术主要包括呼叫中心、数据仓库、商业智能、Web 的集成管理等，如图 8-16 所示。

图 8-16　客户关系管理的关键技术

此外，在客户关系管理方面有一个客户关系管理系统，如图 8-17 所示，其中包括业务操作管理、客户合作管理、数据分析管理和信息技术管理。

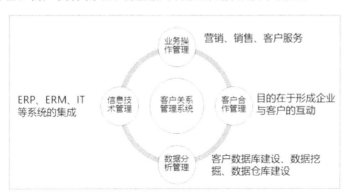

图 8-17　客户关系管理系统

专家提醒

ERM 的英文全称为 Enterprise Resource Management，指的是企业资源管理。如图 8-18 所示为某 ERM 的平台架构，其主要功能包括采购管理、库存管理、销售管理、任务管理、售后服务等。

图 8-18　某 ERM 平台架构

8.2.4　客户关系管理的实施步骤

客户关系管理也是有一定的管理实施步骤的，一般主要包括 8 个步骤，如图 8-19 所示。

客户关系管理的这 8 个步骤还可以分为 4 个阶段，其中包括准备阶段、需求调研、制定方案、实施阶段，如图 8-20 所示。

制订业务计划
建立客户关系管理项目团队
分析客户需求，开展信息系统初建
明确企业应用需求
为客户关系管理不同级别系统设置优先级
选择合适的方案
组织员工用户培训
使用、维护、评估和改进

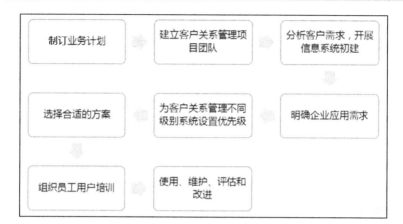

图 8-19　客户关系管理的实施步骤

准备阶段
• 确立业务
• 建立团队
需求调研
• 客户需求
• 应用需求
制订方案
• 设置各系统的优先级
• 选择合适的方案
实施阶段
• 员工培训
• 使用、维护、评估、改进

图 8-20　客户关系管理的 4 个阶段

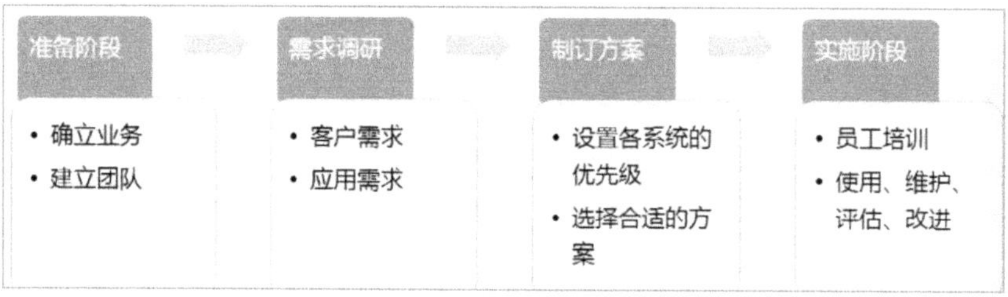

第 9 章

销售：

拓宽广阔渠道

供应链的最终目的是将产品销售出去，但是在销售之前，企业还需要做好相关的准备工作以拓宽销售的渠道，如细分销售市场、了解销售流程并做好产品的定价管理等。本章我们便来了解一些销售的具体内容。

9.1 细分市场：发掘新的市场机会

细分市场可以通过多种方式，如按照地理、人口、心理以及行为来细分市场，按照人口的话，可以通过用户的年龄、性别等进行细分。本节我们便来了解一些细分市场的相关情况。

9.1.1 市场的细分标准

市场的细分标准可以分为两大部分，一种是消费品市场细分标准，另一种是生产资料市场细分标准，具体内容如下。

1. 消费品市场

消费品市场可以按照地理因素、心理因素、行为因素和人口因素这 4 个因素加以细分。

1) 地理因素

地理因素主要指的是按照用户的地理位置以及环境来对市场进行细分。不同的地理环境，用户所喜欢的产品类型也有所不同，需求和偏好也不一样。另外，地理因素还可以继续细分，如地理位置、城镇大小、地形、地貌、气候、交通状况等。

以气候为例，我国南方的气候湿气较大，所以加湿器在南方可能需求量不是很大，而我国北方冬天时，气候比较干燥，这时大家便需要购买加湿器，市场需求也就变大了，如图 9-1 所示。

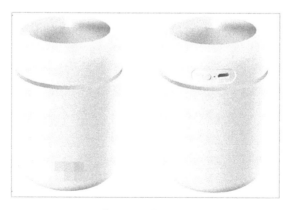

图 9-1 加湿器

2) 心理因素

按照心理因素来细分的话，可以从用户的性格、生活方式、购买动机、态度等方面将用户细分成不同的群体，进而针对这些群体进行销售，具体内容如下。

(1) 性格。一般来说，性格可以分为很多种，如内向、外向、自信、保守、开朗、活泼、老成等。不同性格的人在购买同一类商品时，往往选择也会不一样。图 9-2 所示为一个可爱的背包。像这样的背包一般可爱、开朗的女孩子会比较喜欢。

图 9-2　可爱的背包

(2) 生活方式。不同的生活习惯、生活模式会产生不同的需求偏好，所选择的商品也会各有不同。例如，美国有一家服装公司将妇女细分为 3 种类型，即朴素型妇女、时髦型妇女和男子气质型妇女。不同类型的妇女，公司便会为她们设计不同类型的服饰。

(3) 购买动机。用户的消费行为还会被消费的动机所影响。有的人买灯具只是为了用来照明，有的人购买灯具则是为了装饰。

3) 行为因素

行为因素包括购买时间、购买数量、购买频率、购买习惯等，企业也可以以此细分市场，具体内容如下。

(1) 购买时间。有的产品购买是具有时间性的，例如粽子一般在端午节比较火爆、元宵在元宵节前购买人数较多、月饼在中秋节以及前几天销量较大。此外，还可以在寒暑假期间，对旅行社、景点加大宣传力度，如图 9-3 所示。

(2) 购买数量。按照购买的数量可以将市场分为大量用户、中量用户和少量用户。这里大量用户指的不是人数众多的意思，而是购买量大的意思。例如购买护肤品数量较大的一般是女孩子。

(3) 购买频率。企业还可以通过购买的频率来细分市场，购买频率高的群体则重点宣传。如铅笔，铅笔一般都是美术生或者是小学生使用得比较多，因此企业一般会在铅笔上花点小心思，以吸引更多的小学生来购买。图 9-4 所示为专为儿童设计的铅笔。可以看出，企业在设计包装时加入了卡通元素，并以此增强产品的吸引力。

图 9-3　旅游宣传

图 9-4　专为儿童设计的铅笔

（4）购买习惯。有些用户在购买了一个品牌的产品后，后面会一直购买这个品牌的产品。其原因可能是这个品牌的产品质量好，也可能是这个品牌的服务质量高等，因此企业需要了解他们的习惯，以便更好地满足用户的需求。

4）人口因素

按照人口因素细分市场的话，主要可以按照年龄、性别、职业、收入、家庭因素等。以年龄来说，不同年龄的用户需要的东西不一样，在服装方面，年轻的和老年的女性所需要的就不同。图 9-5 所示为手机行业男女性市场的分布。

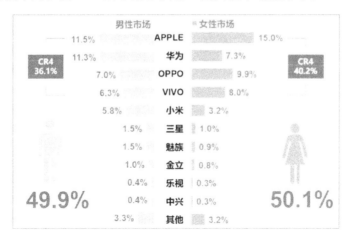

图 9-5　手机行业男女性市场的分布(数据来源：MobData 研究院)

2. 生产资料市场

生产资料是劳动资料和劳动对象的总称，它是物质资料生产的必备物质条件。消费品市场的一些细分标准也是可以适用于生产资料市场细分的，但是生产资料市场自有其特点，因此可以采用其他方式细分。

在生产资料市场方面，比较常用的细分标准有用户的要求、用户经营规模、用户的地理位置，具体内容如图 9-6 所示。

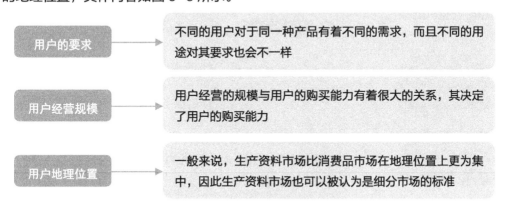

图 9-6　生产资料市场的细分标准

9.1.2　市场细分的步骤

了解了市场细分的标准之后，我们再来了解一下市场细分的具体步骤。一般来说，市场细分的具体步骤主要有 4 步，具体内容如图 9-7 所示。

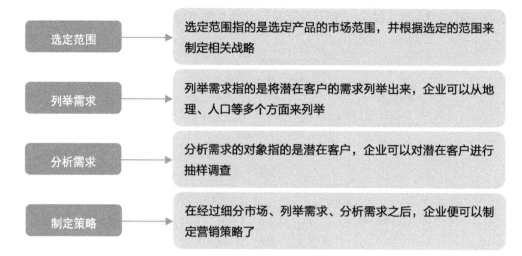

选定范围	选定范围指的是选定产品的市场范围，并根据选定的范围来制定相关战略
列举需求	列举需求指的是将潜在客户的需求列举出来，企业可以从地理、人口等多个方面来列举
分析需求	分析需求的对象指的是潜在客户，企业可以对潜在客户进行抽样调查
制定策略	在经过细分市场、列举需求、分析需求之后，企业便可以制定营销策略了

图 9-7　市场细分的步骤

9.1.3　市场细分的方法

市场细分的方法主要有 4 种方法，分别是单一变量法、主导因素排列法、综合因素细分法和系列因素细分法，具体内容如图 9-8 所示。

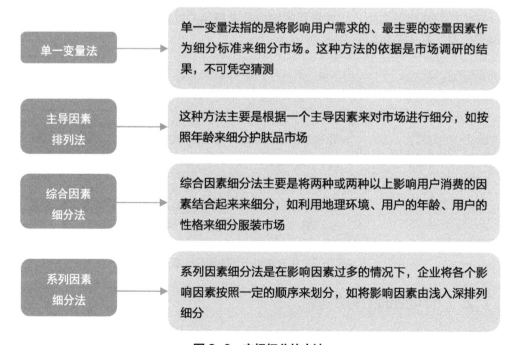

单一变量法	单一变量法指的是将影响用户需求的、最主要的变量因素作为细分标准来细分市场。这种方法的依据是市场调研的结果，不可凭空猜测
主导因素排列法	这种方法主要是根据一个主导因素来对市场进行细分，如按照年龄来细分护肤品市场
综合因素细分法	综合因素细分法主要是将两种或两种以上影响用户消费的因素结合起来来细分，如利用地理环境、用户的年龄、用户的性格来细分服装市场
系列因素细分法	系列因素细分法是在影响因素过多的情况下，企业将各个影响因素按照一定的顺序来划分，如将影响因素由浅入深排列细分

图 9-8　市场细分的方法

图 9-9 所示为系列因素细分法。在服装市场中，可以分为老年服装、中青年服装、儿童服装等，然后再按照一定的顺序进行市场细分。

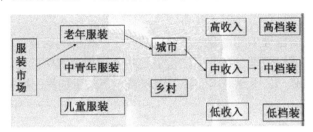

图 9-9 系列因素细分法

市场细分指的是将一个整体的异质市场细分成为多个同质市场，以促进企业的产品的销售，具体内容如图 9-10 所示。

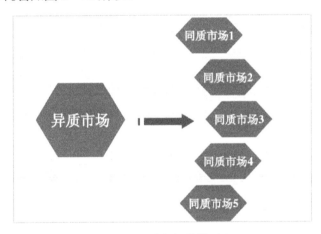

图 9-10 市场细分的原理

市场细分概念的形成与发展主要包括了 3 个阶段，如图 9-11 所示。

图 9-11 市场细分概念形成和发展的 3 个阶段

9.2　销售的必备能力和成功技巧

销售也是供应链管理中的重要一环，构建一个完善的销售管理平台，规范好销售的流程有利于供应链的管理。在业务的价值链中，销售是其中的最后一步，主要是面向终端用户，如图 9-12 所示。本节我们便来看一下关于销售的相关情况。

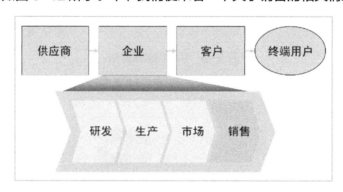

图 9-12　业务的价值链

9.2.1　销售的必备能力

随着我国经济的发展，销售也越来越重要，销售人员的地位也逐步得到了提升。优秀的销售人员往往会受到很多企业的青睐，也能有更为广阔的晋升空间和更多的话语权。但是，要想在众多的销售人员中脱颖而出，就必须具备多种能力，具体内容如下。

1. 忍耐力

忍耐力是非常重要的。如果遇到一个脾气暴躁的客户，你不能忍受他的要求的话，便很容易丢失这位客户。当然，忍耐并不是要你全部都忍下来，如果客户有一些无理要求的话，也要据理力争。

态度也是非常重要的。当你想向某个客户推销时，你的对象不仅仅是这个客户，更是他身后的一群客户，包括他的朋友、亲人等。因为，如果你销售足够好的话，客户会免费帮你打广告，推荐身边的亲人朋友也去购买你的商品。

2. 自控力

一般来说，企业会通过周报、日报等方式来提高员工的自控力，保证他们每天的工作效率，但这种方式其实还是存在漏洞的，因此便需要员工提高自己的自控力。只有具有强大的自控能力，才能变得更优秀，也能让别人看到你的才能，进而取得更大的成就。一个优秀的销售人员所拥有的自控力往往不是靠外界决定的，而是靠自律。

3. 沟通力

沟通力是销售人员非常重要的能力之一，也是最不可或缺的。毕竟销售便是将东西推荐给客户，如果你不会沟通，不懂如何将产品推荐给客户的话，那也无法成为销售人员了。

值得注意的是，这里的沟通有着两种含义。一种是能够准确地收集对方的信息，并且清楚地知道对方的真正需求，同时将自家的产品信息能够清楚无误地传递给对方；二是通过一定的交流方式来达成共识，其中交流方式可以是说话的语气、语调、表情和神态等。

4. 观察力

观察并不是销售人员随便看看，而是具有一定专业性的。很多销售人员在进入这个行业时，首先便是要学会怎么"看"市场。

观察是要求销售人员用专业的眼光和知识去观察客户的真实意图，进而发现一些重要的信息。因为销售人员与许多客户接触，通过观察得来的信息也有利于企业的发展。可以说，销售人员也是每个企业的信息反馈人员，能够给企业带来许多精准的客户需求信息。

5. 分析力

一般来说，销售人员在收集到一些客户需求信息时，便会对其进行分析，从而得出结论，然后针对结论给客户提出一些针对性的意见。同时，销售人员针对产品的观察也能够很好地助力自己的销售，如根据货架上的生产日期，便可以了解到这种产品的销售和流转是否正常，如果货架上的生产日期距离现在较远的话，说明这种产品可能存在着滞销问题。

6. 执行力

执行力是每个职场人都必须具备的能力，同时也能够体现销售人员的综合素质。如果一个销售人员有着很好的执行能力，往往能够被领导赏识。比如，在执行计划的过程中，如果不能体现你的执行能力，那么领导通常会将你换下来，而去选择一个更具执行力的人员。

7. 学习能力

学习能力不光是销售人员，每个人都应该具备。而且，作为一名优秀的销售人员，所需要掌握的知识是十分广泛的，包括营销知识、财务知识、管理知识、销售专业知识等。如果没有好的知识储备的话，可能会出现被客户问得哑口无言的现象。

目前，市场上有许多同类产品，如手机，市场中就有苹果、小米、vivo 等。除开产品的品质以外，销售人员的销售技巧也是赢得一部分客户青睐的重要原因。此外，目前销售技巧也不仅只有一种，还有引导式销售、倾听式销售、提问式销售、顾问式销售等。因此，要想成为一名优秀的销售人员，还需要学习各种销售技巧。

9.2.2　销售的成功技巧

要想将产品成功销售出去，销售人员必须端正自己的态度，具体内容如下所述。

1. 对产品的态度

在与客户交流的时候，销售人员会在不经意间流露出自己对产品的态度。如果销售人员流露出的态度比较消极的话，客户便会怀疑这种产品是不是不好；而当销售人员流露出对产品的积极态度时，便会增添客户对产品的信任度，进而提高客户购买的概率。

2. 对客户的态度

销售人员销售的对象便是消费者，是广大的客户群体。如果销售人员在销售时对客户态度好的话，便会让客户好感爆棚；如果销售人员对客户的态度不好的话，客户便会对该产品，甚至是该品牌产生不好的印象。

顾客是企业的"衣食父母"，也是销售人员的"衣食父母"。销售人员对顾客态度应该是积极的，但是也不能够无条件地服务顾客。

3. 对自己的态度

除了对产品以及客户的态度，对自己的态度也是非常重要的，这是保证良好心态的前提。正确的态度应该是保持自信、不自馁、不自卑，只有足够自信才能够吸引别人、才能让别人喜欢你；同时，还要有着坚定的信念和顽强的意志。

值得注意的是，企业营销的目的是为了什么？营销对企业来说有什么意义呢？具体来说，主要有以下两个方面。

(1) 要保证产品能够与顾客的需求精准匹配。

(2) 向客户介绍产品的优点，并让客户能够牢牢记住。

9.3　定价管理：实现最大经济效益

在大部分供应链中，资产是比较固定的，但是需求却是波动的，因此需要用定价来平衡供需。图 9-13 所示为定价的程序。本节我们便来了解一下供应链中的定价管理情况。

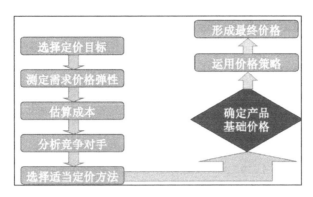

图 9-13　定价的程序

9.3.1　定价和收益管理概述

根据顾客群体、市场的不同，企业可能会采取差别定价的方式来售卖。什么是差别定价呢？其指的是对于不同的产品，不同的客户人群销售的价格不同；或者针对同一件商品的不同款式制定不同的价格。

一般来说，基本的定价方法主要有 3 种，分别是成本导向定价法、竞争导向定价法和需求导向定价法，具体内容如下所述。

1. 成本导向定价法

顾名思义成本导向定价法，便是以成本作为导向，再联系标准的或固定的利润来决定产品的价格。这种方式有利也有弊，如这种方法只能通过不真实的销售量来计算，没有办法应对特殊时期的销售量。

成本导向定价法具体有 3 种方法，分别是成本加成定价法、目标利润定价法、盈亏平衡定价法，具体内容如下。

1）成本加成定价法

成本加成定价法是由吴德庆提出来的，其优点在于计算方法比较简单、资料也比较容易获取，但是不利于降低产品的成本。其计算公式为：产品价格 = 单位成本 + 单位成本 × 成本利润率 = 单位成本(1 + 成本利润率)。

2）目标利润定价法

目标利润定价法是指根据预期的总销量和总成本，从而确定一个目标利润率的定价方法，其计算公式如下。

(1) 产品出厂价格 = [(单位变动成本 + 单位固定成本)/(1−销售税率)] + [目标利润/(预计销售量 × (1−销售税率)]。

(2) 目标利润 = (单位变动成本 + 单位固定成本) × 预计销售量 × 成本利润率。

(3) 产品出厂价格 = [(单位变动成本 + 单位固定成本) × (1+成本利润率)]/(1−销售税率)。

3) 盈亏平衡定价法

盈亏平衡定价法可以称之为保本定价法和收支平衡定价法，主要是通过盈亏平衡原理来确定产品价格。

2. 竞争导向定价法

顾名思义，竞争导向定价法主要是以竞争情况为导向来给产品定价，其优点在于考虑了商品价格的市场竞争力，但是竞争导向定价法过分关注价格竞争，容易引发价格上的恶性循环。

3. 需求导向定价法

需求导向定价法主要指的是根据市场的需求情况给产品定价。这种方法能够考虑到顾客的主观因素，但是难以精准把控顾客的感受。

值得注意的是，这 3 种办法各有各的好处，企业可以根据自己产品的特性来决定采用哪种定价方式。

另外，差别定价并不是所有的销售商都能够使用的，主要是因为市场的不完全细分、套利等。因此，可以说并不是所有的定价方法都适用于整个市场。

套利也可以称为价差交易，主要有四大类型，分别是股指期货套利、商品期货套利、统计和期权套利。而蝶式套利是套利交易后的一种合成形式，如图 9-14 所示。

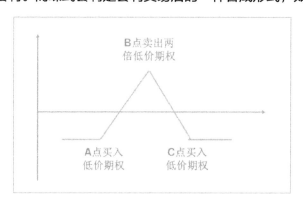

图 9-14　蝶式套利

9.3.2　收益管理

收益管理主要是为了实现利益的最大化，其实质是以细分市场为基础，将适当的产品在适当的时间内以适当的价格销售给适当的顾客，进而实现利益的最大化。其适用的条件主要有以下几条。

    (1) 产能是固定的。

    (2) 市场是能够被细分的。

    (3) 产品或服务能够进行预售。

    (4) 需求具有季节性、波动性。

    (5) 高生产成本、低可变成本。

    (6) 产品能够同时批发和零售。

第 10 章

物流：

规划运输路线

物流是供应链中的重要一环，做好物流管理也是做好供应链管理的关键。物流管理包括物流管理战略、产品运输的方式、运输决策等。本章我们便来了解一下供应链中的物流管理情况。

10.1 物流管理：提高供应链运转能力

供应链是物流、信息流、资金流的统一，物流在供应链管理中具有重要的作用。本节我们便来了解一下物流管理的相关情况。

10.1.1 物流概述

美国的一个相关管理协会曾说过，物流是供应链中的一部分，其存在主要是为了满足客户的需求，分别是由物体的运输、仓储、包装、搬运装卸、流通加工、配送以及相关的物流信息等七大部分构成。

1. 物流的分类

20 世纪 80 年代物流理论被引入中国，其按照不同的分类标准可以分为不同的种类。如按照物流的范畴，可以将物流分为社会物流和企业物流，如图 10-1 所示。

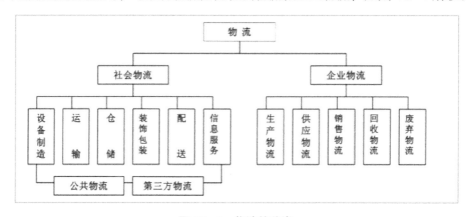

图 10-1　物流的分类

按照物流发展的历史进程，可以将物流分为传统物流、综合物流和现代物流等。现代物流技术主要具有以下 4 个特点。

(1) 在现代物流中电子商务与物流紧密结合在一起。

(2) 现代物流是物流、信息流、资金流和人才流的统一。

(3) 电子商务物流是信息化、自动化、网络化、智能化、柔性化的结合。

(4) 物流设施、商品包装的标准化、物流的社会化、共同化都是电子商务物流模式的新特点。

另外，现代物流技术中包括多种信息技术，其中有条码技术、EDI(Electronic Data Interchange，电子数据交换)技术、REID 技术、GIS(Geographic Information

System 或 Geo-Information，地理信息系统)技术和 GPS(Global Positioning System，全球定位系统)技术。图10-2所示为 GPS 技术在物流中的应用。

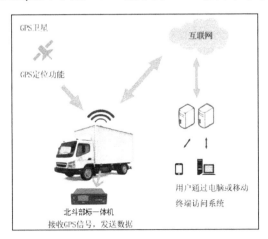

图10-2 GPS 技术在物流中的应用

传统物流和现代物流有着明显的区别，主要表现在以下6个方面，如图10-3所示。

传统的物流仅仅是将货物送到目的地，而现代物流则会提供一定的增值服务

传统的物流具有被动性，是一种被动的服务，而现代物流则是一种主动服务

传统物流主要依赖的是人，由人来管理并控制，但是现代物流则是实施信息管理

传统物流和现代物流的区别

在服务标准方面，传统物流没有统一的服务标准，而现代物流实施的是标准化服务

传统的物流服务仅仅是点到点、线到线的服务，而现代物流提供的则是网络式的全球服务

在管理方面，传统物流是一个单一环节的管理，现代物流具有整体性，注重整体系统优化

图10-3 传统物流和现代物流的区别

除此之外，与传统的物流相比，现代物流更具有反应快速化、功能集成化、服务系列化、作业规范化、物流目标系统化、手段现代化、组织网络化、物流经营市场化、信息电子化等特点。

如果按照物流的流向来分类的话，还可以将物流划分为流入物流和流出物流，如表 10-1 所示。

表 10-1　流入物流和流出物流

物流系统类型	流　入	流　出
流入为主的物流系统		
汽车装配厂	零部件、组件等	汽车
运输企业	燃料、食品(航空)、零件、设备	(客货)运输服务
财务公司	管理和办公设备	财务服务
独立的零售店	商品和设施	无(商店不能流动)
流出为主的物流系统		
采掘业	生产设施	大量的煤、矿石等
林产品企业	生产设施	大量的木材
双向平衡的物流系统		
日用品制造商	零部件、材料	面向最终用户大量的商品
食品加工	生鲜食品、罐头、瓶子	面向最终用户的包装食品
批发商	商品	商品

2. 物流的基本职能

物流的基本职能主要包括 7 个方面，分别是运输职能、仓储职能、配送职能、包装职能、装卸搬运职能、流通加工职能、信息处理职能。

10.1.2　物流管理

物流在供应链中占据着重要的地位，同时也在供应链的管理中发挥着重要的作用。具体来说，主要体现在以下 4 个方面。

(1) 降低用户的运输成本。

(2) 协调相关活动，并提高企业的反应速度。

(3) 提供相应的用户服务。

(4) 提供信息反馈，协调供需矛盾。

供应链物流管理的主要目标在于实现总成本最小化、客户服务最优化、总库存最小化、总周期时间最短化、物流质量最优化。供应链物流管理最大的特点在于协调配合，例如协调供需关系、运输环节等。

1. 供应链环境下物流管理的困难

值得注意的是，在现今的供应链环境下，物流管理主要面临着以下 5 个方面的困难，如图 10-4 所示。

图 10-4　物流管理面临的困难

2. 供应链环境下物流管理的特征

首先，我们先来了解一下传统物流管理，其流程如图 10-5 所示。传统物流管理的特点主要体现在两个方面，具体内容如图 10-6 所示。

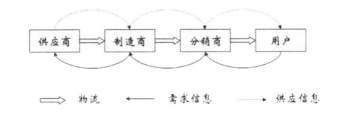

图 10-5　传统物流管理流程

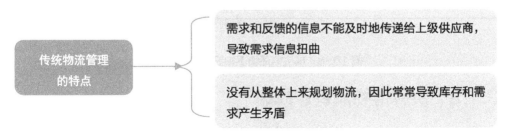

图 10-6　传统物流管理的特点

图 10-7 所示为供应链的物流和信息流。在供应链环境下，物流管理主要具有下述 5 个特点，如图 10-8 所示。

零售商
分销商
用户
制造商
原材料商
零部件供应商
物流
需求信息
供应信息
共享信息

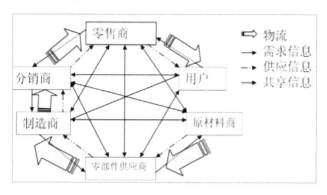

图 10-7　供应链的物流和信息流

供应链环境下物流管理的特点
供应链环境下的物流管理具有信息量大的特点，而且信息主要通过网络传递，物流系统中运行的主要是需求信息、供应信息和共享信息
供应链环境下的物流管理增强了物流网络规划的能力，可以充分使用各种方式降低库存
供应链环境下的物流系统的敏捷度得到了很大的提升，这主要是因为作业流程的快速重组能力
供应链物流更加透明化，信息跟踪能力得到了极大的提高
供应链环境下，物流服务更加灵活多样，能够满足用户的多种需求，提高用户的满意度

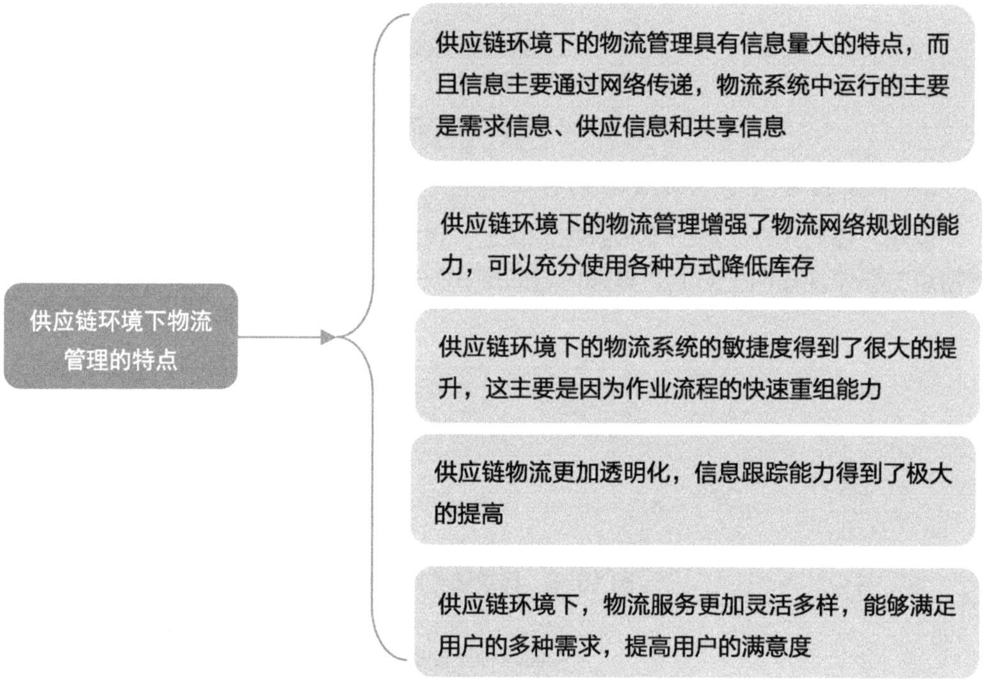

图 10-8　供应链环境下物流管理的特点

10.1.3　供应链物流管理战略

供应链环境下的物流管理战略包括四大战略，分别是全局性战略、结构性战略、功能性战略、基础性战略，框架如图 10-9 所示。

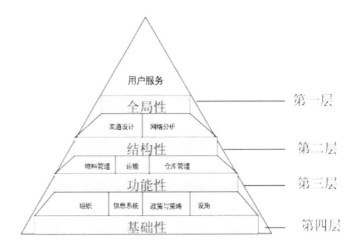

图 10-9　物流管理的战略框架

10.1.4　企业物流管理

在企业竞争中，物流管理也发挥着重要的作用，其关键作用主要体现在其对供应链响应周期、供应链总成本、供应链总库存水平、供应链按期交付可靠性以及供应链服务水平的影响。

一般来说，企业物流的运作内容主要包括企业生产物流、企业供应物流、企业销售物流、企业回收物流和企业废弃物物流。图 10-10 所示为涉及企业运作的几种物流形态。

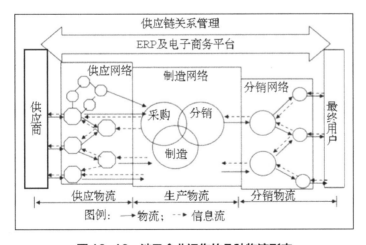

图 10-10　涉及企业运作的几种物流形态

10.2 供应链的运输管理与决策

在供应链物流管理中，运输管理也是非常重要的一个环节。但是相对于其他环节来说，运输管理要求不需要特别严格，只要做好规划，并按照规划执行便可以了。本节我们便来了解一下运输管理的相关内容。

10.2.1 常见的运输方式

管道运输、公路运输、水路运输、航空运输、铁路运输这五大运输方式是最为常见的交通运输方式，下面我们便来为大家介绍这五大运输方式。

1. 管道运输

管道运输是通过管道的方式来运输货物，如图 10-11 所示。其运输的物品主要有石油、煤等。其优点在于运量大、耗损小、安全、连续性强，但是其设备投资大、灵活性差。

图 10-11　管道运输

2. 公路运输

公路运输受自然环境的影响较小，阴天、雨天都可以运输，机动灵活，适应性较强，但是其运量小、耗能多、成本高、运费比较贵，如图 10-12 所示。

3. 水路运输

水路运输是较为环保的运输方式之一，其优点在于运量大、投资少、成本低，缺点则是速度慢、灵活性和连续性都比较差，且受自然条件的影响比较大。如果遇到下雨天，便不能运输。图 10-13 所示为运输公司将物品放置在集装箱之中，然后由轮船将物品运输到相应的地点。

图10-12 公路运输

图10-13 水路运输

值得注意的是，水路货物运输根据不同的分类方式还可以分为多种类型，如图 10-14 所示。

4. 航空运输

航空运输即通过飞机运输货物，它是现今最快的现代化运输方式。其优点在于速度快、效率高，但是运量小、费用高、能耗大且技术要求高。值得注意的是，航空运输还有货运系统，其主要包括 6 个方面，如图 10-15 所示。

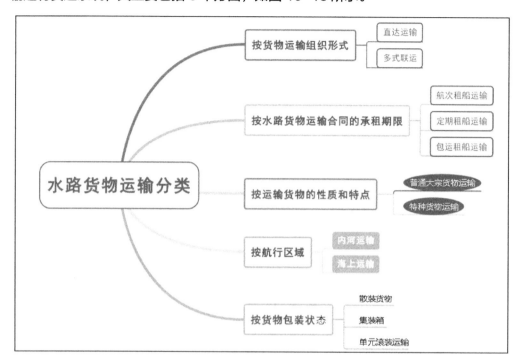

图 10-14　水路货物运输分类

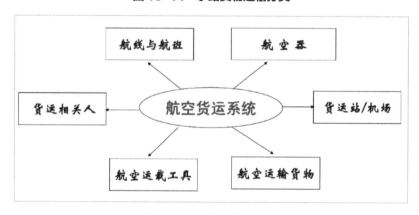

图 10-15　航空货运系统

5. 铁路运输

铁路运输是目前货物运输的主要方式之一，如图 10-16 所示。铁路运输的类型包括整车、零担、集装箱 3 种，其优缺点如图 10-17 所示。

图 10-16　铁路运输

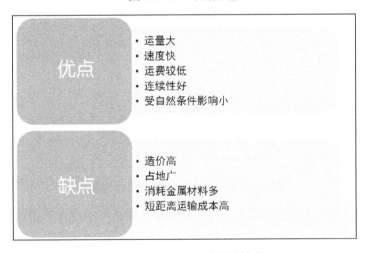

图 10-17　铁路运输的优缺点

10.2.2　运输决策

在供应链管理体系中，运输决策是最基本的决策。下面我们来了解一下运输决策的相关内容。

1. 内容

运输决策的内容主要体现在 4 个方面，分别是运输方式、路径和网络的选择、内部化还是依靠外部资源以及反应能力与盈利水平的全面权衡。其中，运输方式前面已经介绍过了，这里就不多做介绍了，下面我们来了解一下其他 3 项内容。

(1) 路径和网络的选择。其中，路径指的是商品运输的路线，而网络则指的是目的地和路线的总和。

(2) 内部化还是依靠外部资源。在考虑运输的过程中，需要确定运输是靠内部运输还是依靠外部资源。

(3) 反应能力和盈利水平的全面权衡。即对运输的反应能力和盈利水平进行权衡。

2. 影响运输决策的因素

在供应链的运输中，有着 5 个角色，分别是公众、政府、托运人、承运人和收货人，其中最重要的为托运人和承运人，如图 10-18 所示。

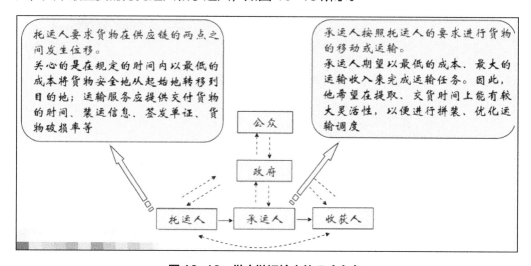

图 10-18　供应链运输中的 5 个角色

因此，影响运输决策的因素主要指的是影响托运人和承运人的因素，下面我们来具体了解一下。

1) 影响承运人决策的因素

承运人是想要通过最低的成本来获得最大的回报，其目的主要是为了投资决策。图 10-19 所示为影响承运人决策的成本因素。

2) 影响托运人决策的因素

托运人决策主要包括 3 个方面的内容，分别是运输网设计、运输工具的选择和运输方式的选择，其目的主要是在满足客户时间需求的同时，降低总成本。图 10-20 所示为影响托运人决策的成本因素。

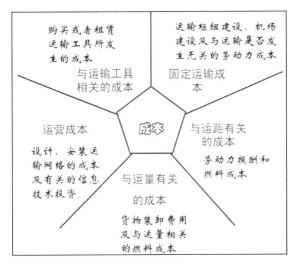

图 10-19 影响承运人决策的成本因素

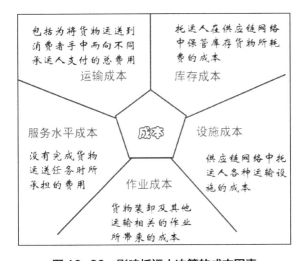

图 10-20 影响托运人决策的成本因素

10.2.3 运输网络的设计

为了更快更好地将产品运输到目的地，企业需要提前设计好运输网络。一般来说，运输网络的设计方案主要包括 6 种，分别是直接运输(如图 10-21 所示)、利用送奶线路的直线运输、所有货物通过配送中心库存的运送、所有货物通过配送中心对接的运送(如图 10-22 所示)、通过配送中心利用第三方线路的直线运输、量身定做的运输网络。

不同的运输网络各有不同的优缺点，如表 10-2 所示。

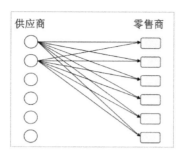

图 10-21 直接运输网络

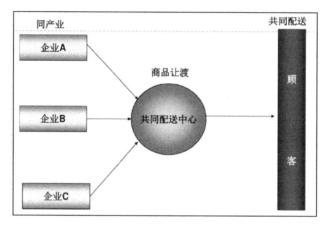

图 10-22 所有货物通过配送中心对接的运送

表 10-2 不同运输网络的优缺点

网络结构	优　点	缺　点
直接运输	无需中间仓库； 简单的协作	库存水平高(货物批量大)； 巨大的接收费用
利用送奶线路的直线运输	小批量货物较低的运输成本； 较低的库存水平	协调的复杂性加大
所有货物通过配送中心库存的运送	通过联合降低了进货运输成本	增加了库存成本； 增加了配送中心的处理费用
所有货物通过配送中心对接的运送	必备库存水平很低； 通过联合降低了运输成本	协调的复杂性加大
通过配送中心利用送奶线路的运送	小批量货物有较低的送货成本	协调的复杂性进一步加大
量身订做的运输网络	运输选择与单个产品和商店的需求十分匹配	协调的复杂性最大

第 11 章

智能：

推动科技应用

近年来，大数据技术与思维快速发展与传播，其触角已经延伸到了多个领域，并给诸多行业带来了深刻变革，供应链管理领域便是其中之一。本章我们便来了解一下大数据与供应链的相关内容。

11.1 信息管理：实现效用最大价值

大数据技术的发展促进了各行各业信息管理的发展，其中就包括供应链领域。在供应链领域中，也包含各式各样的信息，如客户信息、供应商信息等。本节我们便来了解一下大数据是如何帮助供应链进行信息管理的。

11.1.1 供应市场信息分析

一般来说，供应链中会产生多种数据，尤其是供应市场信息数据，其中包括供应商的地区分布数据、供应商的具体规模数据、供应商的产品类型数据等。在供应链管理的过程中，引入大数据能够帮助管理者很好地整合这些复杂的数据，并在这些数据的基础上，全面分析供应市场的信息。

11.1.2 物流信息实时查询

大数据应用在供应链中还可以实时查询产品的物流信息。通过 HBase 等大数据信息存储与信息处理技术，管理者能够对整个产品的物流信息实时更新，以便大家查询物流动态信息。图 11-1 所示为 HBase 与传统关系数据库的区别。

- 在数据类型方面，传统的关系数据库使用的是非常经典的关系数据模型
- 在数据操作方面，在关系数据库当中定了非常多的数据操作
- 在存储模式方面，关系数据库基于行模式存储，而HBase基于列存储
- 在数据索引方面，关系数据库可以直接针对各个不同的列，构建非常复杂的索引
- 在数据维护方面，在对关系数据库当中进行数据更新操作的时候，实际上里面旧的值会被新的值覆盖
- 在可伸缩性方面，关系数据库是很难实现水平扩展的，最多可以实现纵向扩展

图 11-1 HBase 与传统关系数据库的区别

然后，管理者可以通过物流信息的可视化平台，使供应商、制造商等各方都能够清楚地查询到物流信息，其中包括物流的发货信息、在途信息、到货信息等，让物流过程可管、可控、可视。

11.1.3 最佳采购决策匹配

在采购决策方面，大数据技术的应用能够使企业以大量的采购数据为基础，然后预测、分析出最佳的采购周期。此外，在大数据时代还可以挖掘有用的数据，进而匹配更佳的采购决策。图 11-2 所示为大数据时代数据挖掘的差异。

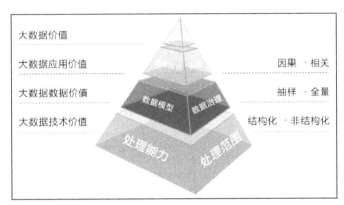

图 11-2 大数据时代数据挖掘的差异

1. 从结构化数据到非结构化数据

以数据库中的数据进行分析，这是传统的数据挖掘的主要方法。但是，在大数据时代，数据数量非常之多，而且来源也多种多样。因此，需要对一些非结构化的数据进行一定的加工才能更好地挖掘数据，而加工非结构化的数据便是大数据时代数据挖掘的重要特征。

2. 从抽样数据到全量数据

由于技术原因，传统的数据处理只能抽取少量的数据进行分析。而在大数据时代，已经可以将全部的数据进行分析，并且其处理速度更快。

3. 从因果关系到相关性分析

大数据分析可以通过数据挖掘和机器学习的技术来进行相关性分析，找到各个事件和因素之间的关联，从而进行分析预测。数据挖掘的任务按照目标可以分为 4 个方面，具体内容如下。

(1) **分类**。通过数据分析可以进行分类，然后根据分类来建立分类分析模型。

(2) **回归**。回归指的是大数据可以在因变量和自变量之间建立一个模型。

(3) **聚类**。聚类指的是将数据按照相似的对象组合成为多种类型的过程。

(4) **关联规则**。数据挖掘还有一个任务便是找到数据集合中的各个因子之间的关联关系。

在整个供应链中，蕴含着大量的数据，其中采购过程也积累了许多数据，如采购的时间、采购金额、采购的成本、物资的质量、采购的种类、采购的相关政策变化以及经济环境等。

将这些采购过程中的信息进行整合能够使管理者了解采购周期等关键因素之间的关系，进而作出最佳的采购决策。

11.1.4　物资质量周期追溯

在供应链采购过程中，质量是非常重要的因素，而大数据技术能够帮助管理人员对物资的质量信息进行跟踪溯源。大数据技术主要是以 RFID(射频识别，Radio Frequency Identification)标签技术为基础，然后对产品的全生命周期的质量情况进行实时分析。

电子标签(RFID 标签)概念，起源于 20 世纪末期的欧洲。到了 20 世纪中期，RFID 技术得到了大规模应用，以美国为首的许多西方国家开始投身于 RFID 标签的研究工作中。图 11-3 所示为一个简单的 RFID 系统结构。

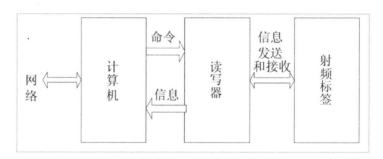

图 11-3　RFID 系统结构

RFID 技术具有适用范围广泛的特征，生命力顽强，应用前景十分乐观。现阶段，较为常见的识别技术分为 RFID 射频识别与传统条码识别，它们有着不同的使用领域，有相似之处同时也有差别。那么，与传统识别技术相比，RFID 技术具备哪些优势呢？具体内容如下。

1. 个体识别

传统识别技术只能实现对每一类型产品的雷码进行定义，这样不利于准确判断商品库存周期。RFID 识别技术突破了这一局限，令每一件产品都能拥有独一无二的标签，从根本上实现了个体识别。

2. 重复使用

传统的条码识别技术只支持信息读取，RFID 在此基础上增加了"写"的功能。

往常，一旦标签制造出来，上面的信息就无法再改变，RFID 读写系统可继续填写或改写标签信息，也是可重复使用的体现。现阶段，该功能在物流领域的货物追踪环节得到了广泛应用。

3. 穿透性

光电效应是传统条码识别技术的关键，利用扫描器将光信号转换成电信号，实现储存信息的读取。RFID 的不同之处就在于它是利用无线电波的高穿透性，当 RFID 读卡器处于可接受信息的状态时，系统就会自动进行信息识别。

4. 速度快

RFID 技术可以同时识别多个标签，操作十分便捷。这也意味着从条码到射频识别实现了个体识别到批量识别的升级。

RFID 标签可以通过射频信号达到信息自动识别和获取的目的，并且全程实行自动化操作，无需人工干预，如图 11-4 所示。

图 11-4 RFID 标签

11.1.5 大数据推动供应链管理的发展

大数据是一种先进的数据处理技术，其发展势必会推动供应链管理的发展，具体的发展主要体现以下两个方面。

1. 供应链管理思维与理念需顺势而变

现如今，大数据时代下，在对供应链进行管理时，其思维与理念也应该有所转变。这种转变具体体现在以下几个方面，如图 11-5 所示。

图 11-5　供应链管理思维与理念的转变

2. 供应链管理模式与方向要向前演进

除了供应链管理的思维以外，供应链管理的模式和方向也要因为大数据时代的来临而有所转变，具体内容如下所述。

1）供应链管理需求由追求"跟踪"向追求"预测"演进

大数据时代，数据处理的能力进一步提高，供应链管理的需求不再局限于"跟踪"，而是演变成为更深层次的"预测"。以京东为例，京东中的供应链管理便运用了大数据技术，以大量的购买数据为基础来预测客户未来的产品需求。图 11-6 所示为京东中大数据驱动供应链的相关情况。

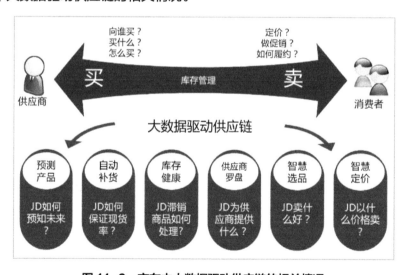

图 11-6　京东中大数据驱动供应链的相关情况

在销量预测方面，京东还提供了业务模型，如图 11-7 所示。其中，RDC 的英文全称为 Regional Distribution Center，指的是区域分发中心；FDC 的英文全称为 Front Distribution Center，指的是前端配送中心。

2）供应链管理需求由追求"及时"向追求"实时"演进

传统的供应链管理在响应上，追求的是"及时"，包括产品供应的及时、信息传递的及时。但是，随着大数据应用的加快，"及时"已经不足以满足供应链管理的需求了。目前，大数据的应用，"实时"是供应链管理新的突破方向。

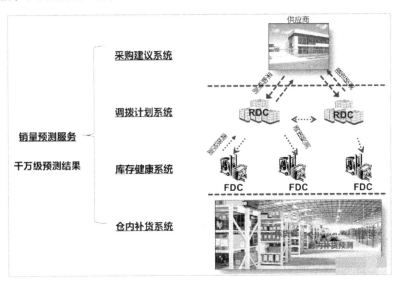

图 11-7　京东销量预测业务模型

同样以京东为例，其在需求预测的基础上，将预测到的需求信息发送至库存管理人员，然后实现库存的"实时"补货。图 11-8 所示为京东自动补货业务模型。该模型主要是基于各节点的需求来制订补货计划。

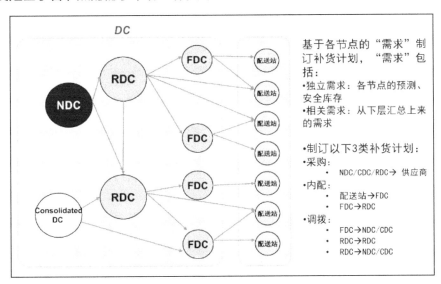

图 11-8　京东自动补货业务模型

3) 供应链管理由追求"链式"向追求"平台"演进

除了以上两种模式外，随着大数据的应用，供应链管理正逐渐由传统的"链式"管理向平台化发展。例如，菜鸟物流便旨在打造一个平台式的物流模式。

菜鸟物流构建的物流平台，通过将各方资源和需求都统一接入平台中，为电商企业、物流企业等多方企业提供服务。大数据的应用也为这个平台提供了发展的动力。大数据技术以及相关先进技术赋予了菜鸟物流四大优势，促进其管理向智能化演进，如图 11-9 所示。

图 11-9　供应链的 4 大优势

另外，菜鸟有一个供应链数智产品矩阵，其中包括数智大脑、数智仓配、数智全案、商流联动 4 个部分。其中，这 4 部分分别又包括多种产品，如数智大脑包括分仓宝、预测宝、决策宝等，如图 11-10 所示。

由此可以看出，未来，供应链管理模式将会演变为信息汇聚的平台化管理模式。

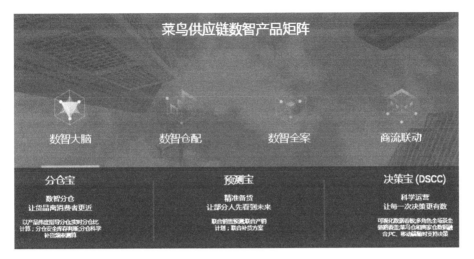

图 11-10　数智大脑产品

11.2　数据应用：创造供应链新价值

随着企业以及大数据技术的不断发展，在供应链中运用大数据技术已经是一种不可避免的趋势了。而且大数据的引进大大提高了供应链管理的水平和能力。本节我们便来了解一下大数据技术在供应链方面的具体应用情况。

11.2.1　数字化采购

数字化采购指的是利用大数据、人工智能、物联网等多种先进技术，改变采购的传统模式。在新模式下，能够实现采购的自动化，降低采购的成本，提高采购的效率。

传统的采购模式效率低下，既要付出高成本，同时还难以满足采购方的需求。但是，随着相关技术的发展，许多企业开始使用电子采购系统。虽然这个系统有一定的优势，但是系统之间的数据有时候不能兼容，也不能共享，因此也不利于快速采购以及降低采购的成本。而数字化采购的出现，则可以帮助采购双方提高采购的效率、降低采购的成本，极大地促进了采购业务的发展。

随着大数据、物联网等先进技术的发展，这些技术逐步开始进入了供应链管理领域。在采购方面，这些技术的融入使得数字化采购飞速发展。在我国，已经有部分企业开始走上数字化采购转型道路，并提出了相关路线图。而且，对于数字化采购，我国也制定了许多的政策给予支持。图 11-11 所示为近年来中央层面发布的数字化采购相关政策。

近年来中央层面发布的数字化采购相关政策（部分）

时间	发布部门	政策名称
2020.03	工信部	《关于推动工业互联网加快发展的通知》
2020.03	工信部	《关于推动5G加快发展的通知》
2019.11	工信部	《企业数字化采购实施指南》
2019.07	银保监会	《中国银保监会办公厅关于推动供应链金融服务实体经济的指导意见》
2019.04	中共中央办公厅、国务院办公厅	《关于促进中小企业健康发展的指导意见》
2017.10	国务院	《国务院办公厅关于积极推进供应链创新与应用指导意见》
2017.04	工信部	《云计算发展三年行动计划（2017-2019）》
2017.03	国家发改委、工信部	《"互联网+"招标采购行动方案（2017-2019年）》
2016.12	国务院	《"十三五"国家信息化规划》
2014.12	国务院	《中华人民共和国政府采购法实施条例》

图11-11　近年来中央层面发布的数字化采购相关政策

图 11-12 所示为数字化新采购方案流程。从图中可以看中，该流程可分为采购前、采购中、采购后 3 个步骤。

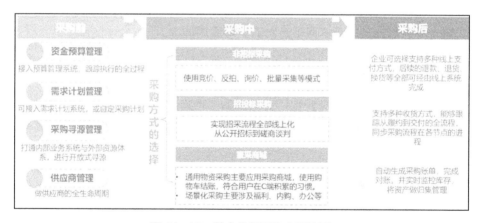

图11-12　数字化新采购方案流程

数字化采购技术主要包括了 3 个环节，分别是应用环节、技术支持、应用效果，如图 11-13 所示。

数字化技术未来的发展方向，主要是向产业链上下游延伸，提供一站式服务，具体内容如图 11-14 所示。

与传统的采购模式相比，数字化采购具有 4 种的转变趋势，具体内容如图 11-15 所示。

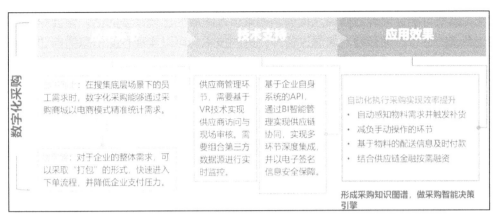

图 11-13　数字化采购技术的 3 大环节

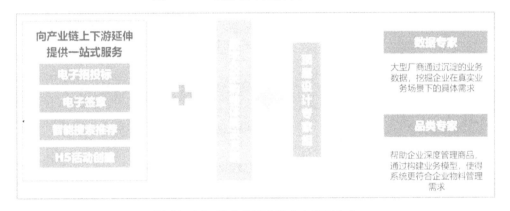

图 11-14　数字化采购的未来发展方向

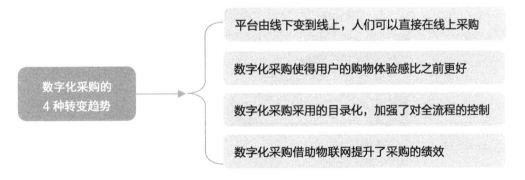

图 11-15　数字化采购的 4 种转变趋势

11.2.2　智慧仓储

传统的仓储主要依靠的是人工，人工成本既高、效率又低，而且由于人工具有主观性，因此可能会出现数据录入错误。如果录入的数据出现错误的话，便会影响整个物流系统的运行。而智慧仓储通过各种先进的技术，可以实现仓储信息的自动快速生成、识别、处理等，进而提高工作效率，降低仓储成本。

现在，不仅仅是我国，世界上许多的企业都在积极建设智慧仓储，他们通过引入FRID、物联网等技术，提高仓储工作的运作和实现智能化管理。值得注意的是，智慧仓储的核心在于更为先进的人工智能和算法。

虽然智慧仓储通过引入各种先进技术提高了工作的效率，但是与传统的仓储相比，两者之间仍然存在着一定的相似之处。

智慧仓储主要包括 3 个环节，分别是仓储系统的布局设计、库存的最优控制、仓储作业操作。这 3 个环节也存在于传统的仓储中，但是在具体的操作时却有着明显的区别。那么，传统的仓储怎么过渡到智慧仓储呢？具体来说主要包括以下 3 个方面，如图 11-16 所示。

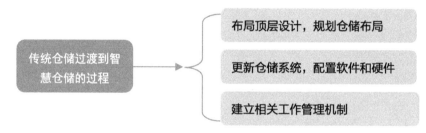

图 11-16　传统仓储过渡到智慧仓储的过程

智能仓储是仓库自动化的产物，如图 11-17 所示。通过物联网、大数据等技术的应用可以大幅提高仓库的运营效率，这样不仅能节约人工成本，还能减少工作失误。

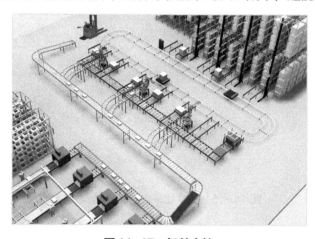

图 11-17　智慧仓储

智能仓储的构成要素和组件包括智能机器人(主要负责货物的分拣及包装)、射频识别、AI(Artificial Intelligence，人工智能)、物联网以及智能仓储管理系统(Warehouse Management System，WMS)。

　　智能仓储管理系统采用射频识别智能仓库管理技术，读取十分方便快捷，能实现物流仓储的智能化管理。智能仓储管理系统能收集数据并创建可视化报告，帮助管理人员管理并优化仓储流程，以及监督仓库运营的效率。

　　物流企业要想打造专业的智能仓储体系，就要根据智能仓储规划原则、场地工艺方案规划和项目实施质量等要点来把握。

　　和传统的仓储相比，智能仓储拥有巨大的优势。传统仓储需要人工来扫描货物和录取数据，工作效率不高，而且仓储货位规划不清晰，容易出现乱推乱放的现象，缺少流程跟进；而智能仓储货物进出效率高，且储存容量大，劳动力强度和人工成本低，可以实时显示并监控货物进出情况，以提高交货准确率。

　　在智能仓储中，有两样东西是必须要用到的，一个是仓储笼，如图 11-18 所示；另一个则是 RFID 电子标签阅读器，如图 11-19 所示。

图 11-18　仓储笼　　　　　　　　图 11-19　RFID 电子标签阅读器

　　仓储笼是仓储运输中主要的物流容器，具有堆放整洁、便于清点等特点，可以有效提高仓储的空间利用率。

　　RFID 电子标签阅读器能够读取和识别 RFID 电子标签中的电子数值，以便自动识别物体，还可以对物体信息进行采集、处理和远程传送。运用 RFID 技术，可以防止偷窃，降低损失。例如，在商品出库时，如果信息系统检测出未经许可认定的产品，就会自动报警。

　　例如，亚马逊是在其行业内最早将大数据技术应用其中的企业，并且还利用了人工智能和云技术来管理仓储物流。在亚马逊的仓库之中，还有一个小机器人 Kiva，如图 11-20 所示。这个小机器人能够按照指令，将货物按照订单运送到相应的地点，节省了人工运输的时间。当该小机器人运输到一定的地点后，再由员工做相应处理。

图 11-20　Kiva

11.2.3　供应链金融

近年来，大数据与供应链联系得非常紧密，其中供应链金融便是其中的产物。供应链金融主要是为了解决中小企业融资难的问题，其生态圈结构如图 11-21 所示。

图 11-21　供应链金融生态圈结构

供应链金融是银行提供的一种金融服务，大数据的运用主要是为了降低不可控的风险。大数据的运用对供应链具有 3 个方面的作用，如图 11-22 所示。

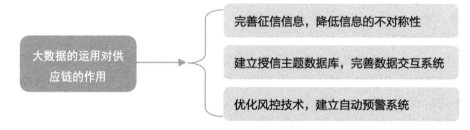

图 11-22　大数据的运用对供应链的作用

第 12 章

管控：

防范未知风险

看起来稳定运行的供应链，实际上是很脆弱的，一旦出现意外风险，可能会导致企业无法持续经营，严重危害企业的生存和发展。风险并不可怕，可怕的是没有风险意识以及应对风险的防范措施。

本章将帮助大家认识供应链风险的特征、分类和来源，制定风险的防范措施，维持企业的稳定运营。

12.1　风险评估：确定信息安全需求

正所谓"知己知彼，百战不殆"，想要战胜对手，首先需要了解他，找到他的弱点，然后对他的弱点给予致命一击。供应链的风险管控也是如此，面对供应链风险时，我们也要清楚地了解它从何而来，这样才能找到应对措施。

本节笔者将带领大家认识供应链风险的特征、分类和管理程序，确定企业信息安全的需求，提高对供应链风险的认知能力，从而制定有效的防范措施，减少企业损失。

12.1.1　详解供应链风险的基本特征

供应链涉及采购、供应、营销、运输等多个环节，并且每个环节彼此依赖，相互影响。一旦其中某个环节出现问题，就可能对整条供应链的稳定运行造成很大影响。而这就是供应链的风险，它是由各种无法预测的不确定因素共同导致的。

凡是在供应链运行的过程中，影响供应链及其成员企业的稳定运营，给它们带来危害、破坏和损失的因素都被称为供应链风险，它有以下 5 个特征。

1. 客观性与必然性

有一些因素是不以人类的主观意志为转移的客观存在，包括自然灾害，如地震、洪灾、干旱等，以及由人类行为引发的社会灾难，如战争、金融危机等。这些因素是无法避免的，其决定了供应链风险的产生具有客观性。

供应链虽然是作为一个整体来应对市场竞争，但在本质上各个环节的企业还是市场中独立的经济实体。彼此之间在合作的同时，也存在着潜在的利益竞争，再加上供应链中各企业的信息不对称，因此整个供应链系统实际上是很脆弱的。在这种不稳定的环境下，仅仅依靠合同契约来协调和维持各企业之间的关系，并不能完全消除这些潜在的隐患，所以供应链必然存在一定风险。

2. 动态性与复杂性

随着企业的变化和发展，供应链也一直处于调整和优化的过程中，这意味着，供应链风险也在不断地变化。供应链成员企业的退出和加入、供应链策略的改变等，都会产生新的供应链风险。并且，当社会环境、政治环境和经济环境发生变化时，供应链风险也会随之变化，这就是供应链风险的动态性。

供应链风险的动态变化，也放大了其复杂性。同时，由于供应链风险是多种多样的，不同的风险，其复杂程度也并不相同。像财务风险、人才流失风险、制度风险等企业内部风险，以及各企业间的合作风险、利润分配风险、技术与信息资源传递风险等企业外部风险，都具有复杂的原因，在某些特定的条件下很难对其进行分析和预防。

3. 偶然性和突发性

尽管已经知道供应链风险是客观存在和必然发生的，但是我们很难去预测和把握供应链风险发生的时间、地点、形式、范围和危害程度。这是因为供应链风险及其带来的损失和后果，是以偶然和突发的形式呈现在我们面前的。

供应链风险存在发生与不发生两种随机的可能性，在一定条件下，企业可以根据数据记录和经验教训，找到某些风险因素发生或不发生的可能性中蕴藏的比较规律的变化趋势，这也为我们提前预知风险提供了可能性。

4. 传递性和放大性

供应链由多个企业共同参与完成产品的流通过程，如果其中有一家企业产生了风险，那么处于整条供应链上的企业都会受到影响，风险因素可以通过产品的流通过程在各个企业间传递、积累并放大。

因此，供应链风险不仅会给当事企业造成损失，也会破坏整个供应系统，给上下游企业带来不同程度的危害和损失，影响整条供应链的正常运行。当然，对供应链风险的传递和控制也是供应链风险管理的关键之一。

5. 比较低的可控性

在市场经济大环境下，企业的领导者通常会采用"经济人"的思维方式，在作重大决策时，会优先考虑企业的利益最大化，而不是整条供应链的利益最大化。因此，企业在进行供应链风险管理的时候，这种思维也会产生某种消极影响。领导者首先考虑的是如何从个人企业的角度来管控风险，而不顾及经受到风险传递影响的上下游企业。同时，各企业之间的信息无法做到完全共享，信息的不对称会大大降低企业对整条供应链的风险控制程度。

12.1.2　明确供应链风险的分类方法

供应链风险可以分为多种类型，针对不同类型的风险，企业需要采用不同的应对措施。接下来，笔者将为大家介绍供应链风险的分类方法，帮助大家明确具体的分类过程。

1. 按照起因分类

按照供应链风险的起因分类，是供应链风险分类最基础的方法，可以将其分为外部风险、系统风险和运营风险 3 种。

(1) 外部风险。外部风险主要指由外部环境不确定性因素导致的风险，包括自然环境风险和社会环境风险。

自然环境风险是由各种不可抗拒的自然灾害给供应链带来的供应链中断风险。主要包括地震、海啸、干旱、洪灾、台风等。

社会环境风险是由社会中各种不确定性因素导致供应链中断的风险，具体内容如图12-1所示。

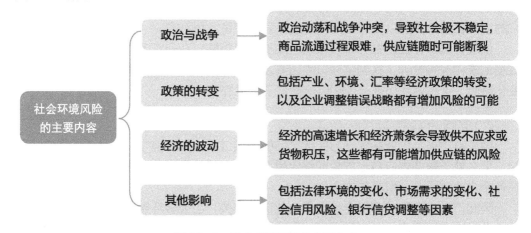

图12-1　社会环境风险的主要内容

专家提醒

　　由于供应链风险具有复杂性，所以风险一般不会单独出现，一种风险的发生往往会引发其他一种或多种风险的发生，企业面临的可能是一系列风险。比如法律环境的变化，很容易造成市场需求的变化，从而可能造成供应链财务风险，进而诱发其他风险发生。

(2) 系统风险。主要包括"经济人"风险和系统瓶颈风险两个部分，具体分析如图12-2所示。

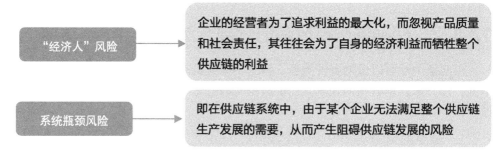

图12-2　系统风险的主要内容

(3) 运营风险。运营风险主要包括管理风险、财务风险、人员风险、供应风险、物流风险和信息风险6个部分，具体分析如图12-3所示。

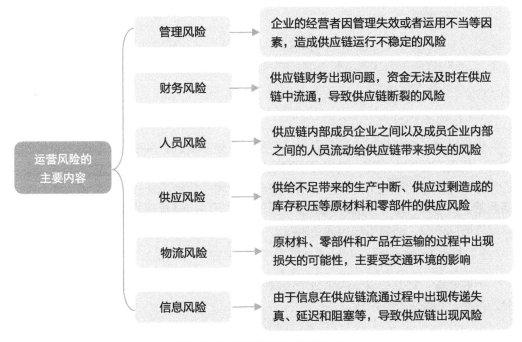

图 12-3　运营风险的主要内容

2. 按照后果分类

不同的风险带来的后果以及对供应链产生的影响程度也是不同的，按照风险后果来分类，可以将其分为偏离风险、中断风险和灾难风险，具体分析如图 12-4 所示。

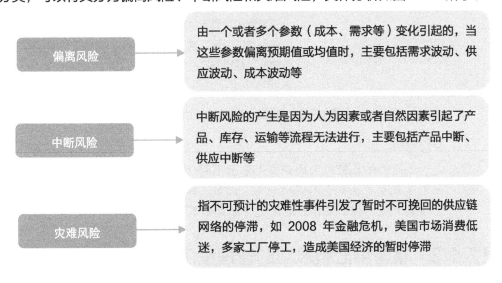

图 12-4　按照供应链风险后果分类

专家提醒

　　一般来说，企业可以通过优化供应链设计，建立一个强大的供应链网络来抵御偏离风险和中断风险。但是，单单依靠供应链设计和管理来应对灾难风险是不可能的。

3. 按照主体分类

　　供应链是一个包括多个环节及各环节参与主体的系统，其中包括供应原材料的供应商、制造产品的生产商、提供分销和服务的零售商以及运输产品的物流商等。不同的行为主体面临的风险并不相同，按照主体可以将供应链风险分为供应商风险、生产商风险、零售商风险、物流商风险等。另外，根据供应链管理的目标，供应链风险可以分为时间风险、质量风险和成本风险。

4. 按照概率分类

　　一般来说，企业可以按照供应链风险发生的概率对其进行简单的分类，主要可以分为两类，如图 12-5 所示。

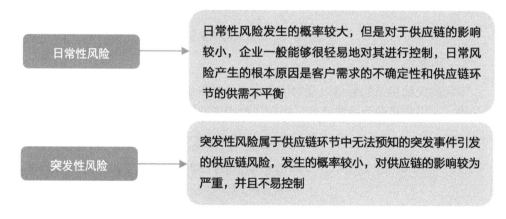

日常性风险 → 日常性风险发生的概率较大，但是对于供应链的影响较小，企业一般能够很轻易地对其进行控制，日常风险产生的根本原因是客户需求的不确定性和供应链环节的供需不平衡

突发性风险 → 突发性风险属于供应链环节中无法预知的突发事件引发的供应链风险，发生的概率较小，对供应链的影响较为严重，并且不易控制

图 12-5　按照供应链风险发生概率分类

专家提醒

　　上述对供应链风险的分类是基于不同的角度考虑的，同一种风险从另外的角度来看，也属于不同的分类。比如，库存风险按产生的风险因素分类属于信息风险，但如果按照后果进行分类却属于偏离风险。

12.1.3　掌握供应链风险的管理程序

　　在 2018 年 5 月 2 日，福特汽车的一家供应商的工厂发生了严重火灾，直接导致福特汽车 3 家工厂直接停工，如图 12-6 所示。这属于供应链的突发性风险，其对福特汽车的生产和经营造成了严重的危害和损失。那么，福特汽车在如此严峻的局面下，是怎样调整和应对的呢？

图12-6 火灾过后的福特汽车供应商工厂

首先，福特汽车认识到解除危机的关键是快速获得足够的生产能力。然后，他们利用积累的人脉和资源，在世界各地寻找具有足够产能的新供应商，并且找到了世界第二大运输机进行配送。通过全球数百名福特汽车的员工统一协调工作，在不到 24 小时内安排好一切事情。最后，在停产仅 10 天之后，福特汽车就恢复了生产。

风险意味着不确定，但是风险是客观存在的。因此，企业需要建立一个风险管理程序，打造一个健康完整的供应链体系，从而更有效地去应对可能出现的各种风险，避免企业遭受严重的危害和损失。

一般来说，企业可以按照识别与归类、衡量与分析、控制与管理、实施与评价 4 个步骤建立起供应链风险的管理程序。

1. 识别与归类

风险的识别与归类是通过专业知识去判断和感知风险的性质，并且对其进行分类的过程。这是供应链风险管理的第一步，也是风险管理的基础，没有准确的识别与归类，就无法选择适当有效的方法来应对和处理风险。

一方面，企业可以利用感知和经验来进行判断和分析。另一方面，企业也可以通过数据资料和风险记录来进行归纳和整理。风险的识别与归类是一项持续性和系统性很强的工作，其应遵循 5 个原则，如图 12-7 所示。

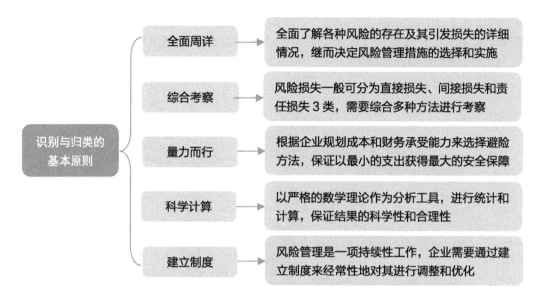

图 12-7 识别与归类的基本原则

2. 衡量与分析

衡量与分析是在识别与归类的基础上，运用各种方法对供应链风险发生的概率及其造成的损失和后果的严重程度进行定量的分析和预测。通过风险的衡量与分析，可以得到较为准确的发生概率和损失情况，在一定程度上为管理者消除风险的不确定性。此外，还可以加强管理者对风险损失的了解，使管理者能够集中力量去应对后果较为严重的风险，从而降低企业的风险成本。

风险分析主要是对供应链分析进行详细精确的描述，并且按照风险管理的优先顺序制作风险列表，它包括 4 个过程，如图 12-8 所示。

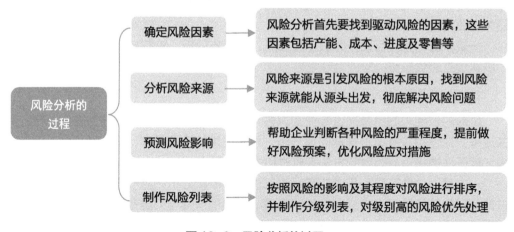

图 12-8 风险分析的过程

风险衡量主要是用来计算风险概率和损失程度，其最终目的是为企业的应对决策提供信息，主要包括以下 4 种信息。

(1) 可能存在的所有风险发生的概率和损失的分布。

(2) 多种风险同时发生的概率及其对企业造成的损失分布。

(3) 根据一个风险单位损失幅度，预测整个经济单位总损失分布和总损失金额。

(4) 所有风险单位损失的预估值和标准差等。

3. 控制与管理

风险控制与管理指管理者为了减少风险产生的可能性及其带来的后续损失，而采取的一系列应对措施以及方法，具体有 4 种基本方法，如图 12-9 所示。

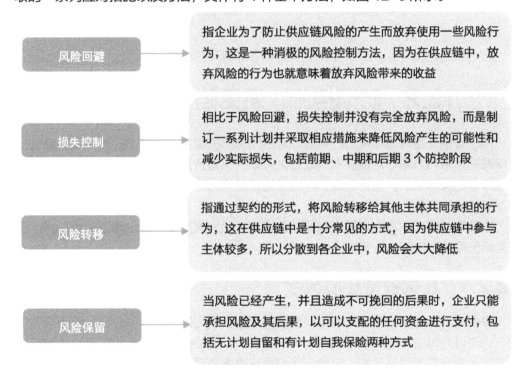

图 12-9　风险控制与管理的基本方法

4. 实施与评价

实施与评价是指实施风险管理计划的过程，以及根据后续的反馈来判断该计划是否能够有效地降低风险产生的可能性。这是供应链风险管理程序中非常重要的一步，风险管理计划能否顺利实施并落到实处，风险管理计划能否得到准确有效的评价，是决定风险管理程序能否成功的关键。风险管理实施与评价主要包括 4 部分内容，如图 12-10 所示。

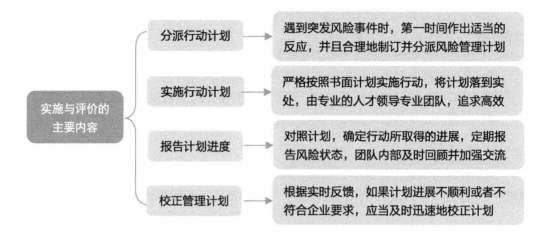

图 12-10 实施与评价的主要内容

12.2 防范措施：避免陷入已知困境

风险管理就是对未知风险的预防和对已知风险的管控，以最小的成本获取最大安全保障的措施和方法。对供应链采取行之有效的风险管理，可以减少风险产生的概率及其造成的实际损失，强化供应链对风险的抵抗能力，提高供应链的稳定性，增强企业在市场上的竞争力。

本节我们就来学习供应链风险的防范措施，让大家能够更好地学以致用，将这些防范措施落实到实际的经营过程中去。

12.2.1 正确看待环境风险

许多经济学理论指出，风险和利润是并存的。风险既可以让供应链面临断裂的危险，也可以为供应链带来丰厚的利润。从古至今，企业的终极目标始终是追求利润，也不可避免地需要面临风险。因此，我们要正确看待风险的影响力，在风险来临时，要抓住其中蕴藏的机遇，迎接挑战并且获得成长。

一般来说，供应链成员企业对待风险有风险爱好、风险中性和风险厌恶 3 种态度，不管偏向于哪种态度，最佳的决策方案应该是通过定量与定性分析，计算风险成本与收益的相对比例，确定两条警戒线，判断在什么风险条件下可以迎难而上，在什么风险条件下必须及时止步。

在面对风险时，供应链各个环节的企业都需要提前做好充分的准备，做好风险带来的损失预案，制订应对风险的实施计划以及采取相应的应变措施，协调各企业之间的资源，最大程度地降低风险带来的损失和危害，在最短的时间内恢复生产运营。具体来说，企业应做的准备有 4 项，如图 12-11 所示。

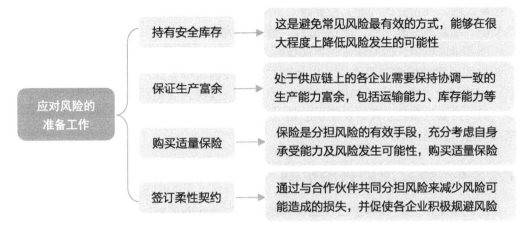

应对风险的准备工作

| 持有安全库存 → 这是避免常见风险最有效的方式，能够在很大程度上降低风险发生的可能性

| 保证生产富余 → 处于供应链上的各企业需要保持协调一致的生产能力富余，包括运输能力、库存能力等

| 购买适量保险 → 保险是分担风险的有效手段，充分考虑自身承受能力及风险发生可能性，购买适量保险

| 签订柔性契约 → 通过与合作伙伴共同分担风险来减少风险可能造成的损失，并促使各企业积极规避风险

图 12-11　应对风险的准备工作

根据不同类型的风险及自身的承受能力，企业可以采用风险回避、损失控制、风险转移、风险保留等措施，尽量降低企业风险管理的成本，争取以最小的风险成本获取最大程度的安全保障。

12.2.2　健全法律法规制度

供应链上各环节的企业想要成为一个不需要具有法律约束力的契约，就能紧密联系在一起的整体，促进供应链持续健康地发展，需要满足以下 3 个条件。

(1) 各环节企业公平沟通与合作，包括平等分配和享有供应链收益。

(2) 必须保证供应链成员的利润和竞争力大于非供应链成员。

(3) 违约成本大于利润收益，一旦有企业违约，就会造成严重损失。

健全法律法规制度，提高违约惩罚力度，就能很好地维护并执行上述 3 个条件。在时代的进程中，无论是法律法规的要求还是道德习惯的约束，都需要把诚信与合作放在首位，严惩违约和其他负面行为，这样才能最大限度地降低供应链面临的社会环境风险，推动整个社会的可持续发展。

12.2.3　建立信息共享机制

一条成熟的供应链，应该是供应商、制造商、分销商、零售商和客户业务来往频繁，联系更加紧密的状态。这就要求整个供应链流通过程要保持信息的高度透明与高速传递，并且其网络基础设施必须确保供应链数据的安全性和完整性。

这就要求企业在信息技术高速发展的今天，能够紧跟时代的步伐，充分利用日趋成熟的商务信息技术，有效地降低信息在传输中出现错误的可能性，在信息传输过程中控制风险。在企业的内部，也要建立一条完备的信息交流渠道，加强内部成员之间的交流，高效地传递信息，建立高效、可靠的信息传递机制。

而在供应链中，信息建设则更加重要，这关系到企业共同的利润目标。因此，各企业之间也需要加强信息交流，以互利共赢为经营目标，保持供应链的运营畅通无阻。供应链上各企业之间的信息共享一方面可以提高供应链运作的协同性和运作效率，另一方面也有利于及时发现供应链上潜在的风险，为避免风险、及早采取补救措施赢得宝贵时间。

12.2.4 建立风险共担机制

供应链组织之间很容易出现道德风险和人为导致的风险，而大量违约行为的出现，更多的是因为各企业还存在滋生相关行为的土壤。因此，为了防止类似的道德风险，就需要企业尽可能地消除信息不对称性，采用一定的激励手段，使企业上下和供应链各环节做到利益共享，风险共担。合作伙伴也能因此获得比违约行为更大的收益，减少代理人的违约风险，同时也能将供应链风险分散到各个企业中共同承担。

核心企业往往具有主导供应链的冲动，认为其他企业充当的只是附属或配角，在利润分配方面也往往借助价格杠杆，低进高出，使自己占据高额利润。这种行为，会严重地伤害其他成员的合作积极性和经济利益，核心企业可能会在短时间内得到不公平的利润分配，但是这种情况并不会长久，这种不平衡的局面很快会被打破并进行重新组合，因为没有企业会容忍不公平的利润分配。

因此，无论是占有主导地位的核心企业还是供应链中的其他成员企业，都应该以公平与合作为前提，建立利益共享和风险共担机制，只有如此，才能保持供应链持续、稳定、健康、高效的发展，提高供应链的合作效率和整体竞争力。

12.2.5 优化设计管理系统

管理系统是供应链的核心命脉，一旦它出现问题，整条供应链就会面临断裂的风险。因此，企业应该对供应链的管理系统进行优化设计，在必要的情况下，也可以选择重造整个供应链的管理系统。具体来说，优化或重造管理系统有以下两种方式。

1. 评估供应链业绩

供应链各成员企业之间的业务往来十分频繁，属于利益共同体。因此，需要一个核心企业来监督和评估供应链的业绩，使供应链保持强大的改进能力，从而提高供应链的协同性和运作效率。

为了确保供应链的正常运转，核心企业应该对其他成员企业进行监督和考核，包括产品研发、产品质量、交货时间、物流运输、协作能力等，防止因为成员企业的单独行为给供应链带来的风险。只有选择各方面都优秀的供应商和分销商，供应链系统的优化设计才能取得最佳效果。

2. 建立核心供应链

面对供应链的日益庞大和复杂化，降低供应链风险的最佳方式就是简化供应链并建立核心供应链。具体来说，企业可以考虑从以下两个方面进行。

(1) 减少供应商的数量。供应商数量太多会增加管理成本和逆向选择的风险，而选择与少数信誉良好、资本雄厚的供应商建立稳定的长期合作关系，不仅可以获得规模优势从而降低供应链成本，同时也可以减少不确定因素，便于进行有效的管控。

(2) 强化供应商的关系。建立核心供应链应选择拥有关键资源的供应商和分销商，特别是当有两条或者多条供应链争夺同一资源时，建立和维护战略合作伙伴的关系就显得尤为重要。一般来说，可以通过兼并、参股或者置换股权来强化这种关系。